Franz Alt

*Jesus – der erste
neue Mann*

Piper
München Zürich

ISBN 3-492-03367-9
© R. Piper GmbH & Co. KG, München 1989
Gesetzt aus der Times-Antiqua
Umschlag: Federico Luci
Umschlagbild: »Christus und die Kinder«
von Emil Nolde
© Stiftung Seebüll Ada und Emil Nolde
Printed in Germany

Inhalt

Einleitung

Wer hat versagt: Jesus oder wir? 11

Erstes Kapitel

Wer ist Jesus? 13

   Jesus – die geistige Atombombe 15
   Jesus gegen die Theologen 19
   Sind wir noch zu retten? 22

Zweites Kapitel

Wer war Jesus? 28

   Der Realist 31
   Der erste neue Mann 33
   War Jesus gehorsam? 37
   War Jesus politisch? 39
   Der wirkliche Jesus 41
   Sein Gotteserlebnis 45
   Hat Jesus Wunder gewirkt? 51
   Starb er am Kreuz? 55
   Seine dreifache Evolution 57

Drittes Kapitel

Jesus und die Frauen 59

   In der Schule von Frauen 64
   Jesus und Maria Magdalena 70
   Der Traum von einem Mann 72

Viertes Kapitel

Jesus und die Männer 77

Männerethik 82
Männer: Gesetz oder Geist? 85
Jesus: Zerstöre keine Ehe! 88
Jesus: Der männliche Mann 90
Jesus: Der emanzipierte Mann 93

Fünftes Kapitel

Jesus und die Kinder 98

Gott als Kind! 99
Die Urangst aller Kinder, verlassen zu werden . . . 107
Ein Ministerium für Kinder 111
Werden wie Kinder! 114

Sechstes Kapitel

Jesus und sein mütterlicher Vater 118

Das neue Gottesbild – ein Gott der Liebe 120
Liebe ist mehr als Gerechtigkeit 125
Jesu dynamisches Gottesbild 127
Jesu neues Menschenbild 130
Das Reich Gottes ist geschwisterlich 132
Das Reich Gottes ist nicht die Kirche 134
Gott – der Traum aller Menschen 136

Siebtes Kapitel

Jesus – Angst oder Vertrauen? 139

Meine Angst vor der Angst 140
Auch Jesus hatte Angst 145
Die Angst ist ein Gottesgeschenk 150
Vertrauen heilt! 152
Vertrauen: Die seelische Kernenergie 155

Achtes Kapitel

Mit Jesus in die neue Zeit 156
   Der Weg Jesu 159
   Was können wir tun? 161
   Du sollst den Kern nicht spalten! 167
   Die Energie der Sonne 168
   Denkfaulheit oder Ehrfurcht vor dem Leben? . . . 170
   Reif für Jesus? 177
   Wenn Mann und Frau sich lieben 180
   Den eigenen Weg gehen! 182

Literaturverzeichnis 184

*Für Hanna Wolff
und Karl Herbst*

GANDHI UND JESUS: FÜR EINE SPIRITUELLE POLITIK!

»Für mich gibt es keine Politik, die nicht zugleich Religion wäre. Politik dient der Religion. Politik ohne Religion ist eine Menschenfalle, denn sie tötet die Seele. Es ist meine feste Überzeugung, daß das heutige Europa nicht den Geist Gottes und des Christentums verwirklicht, sondern den Geist Satans. Und Satan hat den größten Erfolg, wo er mit dem Namen Gottes auf den Lippen erscheint. Europa ist heute nur noch dem Namen nach christlich. In Wirklichkeit betet es den Mammon an. Jesus hat vergebens gelebt und ist vergebens gestorben, wenn er uns nicht gelehrt hätte, unser ganzes Leben nach dem Gesetz der Liebe einzurichten.«

Mahatma Gandhi

Einleitung
Wer hat versagt: Jesus oder wir?

Vor 2000 Jahren hat ein Mann mit einem nie gehörten und einmaligen Programm von sich reden gemacht: »Ich mache *alles* neu.« Kein Mensch vor ihm und nach ihm hat so geredet! Mehr noch: Kein Mensch vor ihm und nach ihm hat so absolut in Übereinstimmung mit seinem Programm auch *gelebt*. Sein Rezept für die Heilung der Menschen und der Welt: Vertrauen, Hoffnung, Liebe. Hat dieses Rezept gewirkt? Wurden durch mehr Vertrauen, mehr Hoffnung, mehr Liebe die Menschen und die Welt verändert? Wurde wirklich *alles* neu? Wer eine ehrliche Antwort sucht, muß sagen: Nein.

Jetzt, zu Beginn des dritten Jahrtausends nach Jesus aus Nazaret, wissen wir: Die Menschen wurden privat nicht *wesentlich* glücklicher, und die Menschheit insgesamt steht am Abgrund.

An gewalttätiger Auseinandersetzung zwischen Völkern übertrifft unser Jahrhundert *alle* vorhergehenden. Wir ahnen erstmals etwas vom Ende der Geschichte. Die Methoden der Gewalt wurden seit Jahrhunderten ständig so verfeinert und ins früher Unvorstellbare gesteigert, daß wir heute mehrere Möglichkeiten haben, der Gattung Mensch das Ende zu bereiten. *Das* ist neu.

Wer also hat versagt? Jesus oder wir?

War *er* ein Hochstapler, der nicht wußte, wovon er redete, oder haben *wir* nicht begriffen, was er meinte? Hat er die Menschen überschätzt, oder lebten *wir* bisher unter unseren Möglichkeiten? Hatte *er* ein falsches Menschenbild, oder haben *wir* ein falsches Jesus-Bild? Ist Jesus *heute* unsere große Chance? Brauchten wir erst die große Krise für die große Chance? Wenn wir Menschen wirklich unveränderbar sind, dann müssen wir *ihn* vergessen. Da wir ihn aber ganz offensichtlich nicht vergessen können, bleibt nur, daß *wir* ihn nicht begriffen haben. Dann allerdings müssen wir mit Jesus noch einmal ganz von vorne, ganz *neu* anfangen. Es geht heute um einen *neuen* Jesus, um ein *neues* Bild von ihm, nachdem wir mit dem alten Jesus-Bild nichts *wirklich neu* gemacht haben. Den *wirklichen* Jesus müssen wir erst noch entdecken. Das ist heute möglich, und erst recht ist es nötig. Ideen bewegen die Welt. Nichts ist so stark wie eine Idee, deren Zeit reif ist. Unsere Zeit ist reif für die Ideen des wirklichen Jesus.

Die Frage: »Warum wurde seit Jesus nicht *alles* neu?« treibt mich seit zehn Jahren um. Meine Antwort in diesem Buch: Den wirklichen Jesus haben wir noch nicht begriffen. Der Neuanfang mit einem *neuen* Jesus ist vielleicht unsere letzte Chance. Wahrscheinlich auch unsere *erste* wirkliche Chance. Denn erst in der größten Krise wachsen die *wirklichen* Chancen. Heute weiß ich: Jesus zeigt den Weg aus dem Atomzeitalter in ein neues Zeitalter, das ich das ökologische Zeitalter nenne.

Danken möchte ich den Mitarbeitern des Piper Verlages, die sich sehr für dieses Buch engagiert haben, besonders Renate Dörner und Heidi Bohnet. Meiner Frau und unseren Kindern bin ich dankbar für viele Anregungen und dafür, daß ich mir die Zeit nehmen konnte, dieses Buch zu schreiben.

Erstes Kapitel
Wer ist Jesus?

»Jetzt mache ich *alles* neu.«
(Jesus in Offenbarung 21,5)

Unsere Zeit ist reif für den anderen, für den wirklichen Jesus. Aber wer ist das? In den letzten Jahren habe ich mich intensiv mit dieser Frage beschäftigt; mir fiel auf, daß Jesus nicht der »Herr der Heerscharen«, der »Erlöser und Gott«, der »Wundertäter und Zauberer« meines Religionsunterrichts, der Sonntagspredigten und Theologen-Bücher ist, sondern ein ganz anderer.

Jesus hat gesucht und gefunden, geheilt und gepflegt, getröstet und geholfen, geweint und gelacht, Geschichten erzählt, die Weltliteratur wurden, Frauen fasziniert, Männer verwirrt und von Kindern gelernt. Er war ein Mann tiefen Gefühls und Mitgefühls, ein ganz anderer Mann als der, an den ich vier Jahrzehnte »geglaubt« hatte. Ich habe angefangen, diesem neuen Jesus zu vertrauen. Das Vertrauen trägt. Über die Erfahrungen, die ich dabei gemacht habe, und über Fragen, die sich dabei gestellt haben, will ich in diesem Buch berichten. Meine geistigen Lehrerinnen und Lehrer Hanna Wolff und Christa Mulack, Karl Herbst und Eugen Drewermann kommen dabei zu Wort.

Wer tief gräbt, findet unter den Schichten eines romantisierten und banalisierten, eines verkitschten und verkirchlichten Jesus-Bildes wie eine Quelle mit frischem Wasser: Jesus – den ersten neuen Mann.

Mit Jesus begann eine neue Zeitrechnung, aber keine neue Zeit. Das liegt nicht an Jesus, das liegt an uns, die wir ihn nicht begriffen haben. Heute im Atomzeitalter sind unsere Instrumente überentwickelt, unsere Seelen jedoch sind unterentwickelt. Jesu große Entdeckung heißt: Menschen werden krank durch Angst, aber geheilt durch Vertrauen.

Ein katholischer Verlag in Rom wollte die italienische Ausgabe meines ersten Bergpredigt-Buchs »Frieden ist möglich« herausbringen. Ein Vatikan-Funktionär verhinderte das mit der bezeichnenden Begründung: Die Zeit sei noch nicht reif für Jesus. Wirklich nicht? Wieviel tausend Jahre soll das noch dauern? Die Zeit drängt. Andererseits: In diesen Tagen schrieb mir Alexander Konovalov, ein Militärberater von Michail Gorbatschow und Mitglied der sowjetischen Akademie der Wissenschaften. In seinem Brief zitiert er mit großer Überzeugungskraft die Bergpredigt!

Wir werden heute mit vielem fertig, nur nicht mit uns selbst. Wir sollten deshalb mit Jesus noch einmal neu anfangen. Man kann Jesus nur von den Erfahrungen des eigenen Lebens her verstehen. Um Jesu Leben und Lehren zu verstehen und für mein Leben fruchtbar zu machen, muß ich sein Leben und seine Lehre nachträumen. Nur wenn ich intensiv über ihn nachdenke, seinen Weg nachempfinde und ihn fest nachträume, kann ich ihm nachfolgen. Jesus war und ist der Traum von einem wirklichen Mann.

Meine politische Überzeugung und persönliche Erfahrung ist: Angesichts der atomaren und ökologischen Bedrohungen und der privaten Gefährdungen, mit denen wir heute leben, gibt es keine wichtigere Botschaft, kein überzeugenderes Leben und kein größeres Vorbild als Jesus von Nazaret.

Jesus ist der erste neue Mann. Ich nenne ihn so, weil er beispielhaft das Weibliche in sich nicht verdrängt, sondern entwickelt und integriert hat. Deshalb waren die Frauen, die ihm vor 2000 Jahren begegnet sind, »verrückt« nach ihm. Als Mann des rationalen Gefühls ist Jesus das leuchtende Beispiel für sich emanzipierende Frauen und Männer und für suchende Jugendliche.

Die Theologie hat Jesus immer formelhaft »wahrer Mensch und wahrer Gott« genannt. Die geschlechtslose Darstellung Jesu hängt mit der traditionellen Leibfeindlichkeit der Kirche zusammen. 1975 hat Hanna Wolff geschrieben, »Jesus, der Mann« sei unbekannt geblieben. Heute, zur Zeit des Feminismus, müssen wir feststellen, daß »der neue Mann« Jesus erst recht unbekannt ist.

Für den Anthropologen F. Buytendijk fordert das volle menschliche Dasein »beide Entwürfe, beide Sichten, sowohl die männliche wie die weibliche Seinsform in jedem Menschen«.

Was Jesus, diese »Gestalt hinreißender Klarheit« (William Hamilton), nach 2000 Jahren so faszinierend macht, hat der indische Reformer Keshab Candra Sen schon im 19. Jahrhundert erkannt: »Was war Christus anderes als die Vereinigung männlicher und weiblicher Vollkommenheit«?

Hanna Wolff, die in Indien die Schriften dieses Reformers wiederentdeckt hat, belegt mit einem weiteren Zitat von Sen, daß es ein Hindu war, der mit großer Intuition ein völlig neues, tieferes Jesus- und Christus-Programm gefunden hat: »Der Christus aber, der, von einer Frau geboren, selbst eine Frau im Manne ist, wartet noch darauf, erkannt zu werden.«

Der Mann Jesus wirkt wie ein neuer Mann in uns, befreit von patriarchalisch-männlicher Einseitigkeit. Nach C. G. Jung wird ein Mann ein »neuer« Mann, wenn er seine »Anima«, seine weiblichen Seelenanteile, entdeckt und lebt. Dies tat Jesus. Und deshalb war und ist er ein heilsamer Heiler, *das* Modell menschlichen Lebens für alle Menschen.

Jesus – die geistige Atombombe

Erst nach einer Jungschen Traum-Analyse, wodurch ich mein Unbewußtes und mich selbst besser kennenlernte, konnte ich anfangen, Jesus als den ersten neuen Mann zu sehen. Im Thomas-Evangelium sagt Jesus: »Selig bist du, wenn du weißt, was du tust.« In einem Traum sah ich diese drei Worte: »Bewußtheit erfordert Tiefe.« Ein deutlicher Hinweis darauf, daß ich mich um mein Unbewußtes kümmern sollte. Mit Hanna Wolff bin ich heute davon überzeugt, daß neben der Entdeckung des Unbewußten »Jungs Animus-Anima-Konzeption die genialste Einsicht der Neuzeit in das Wesen des Menschseins« bedeutet. »Sie ist ein fundamentales Ereignis in der neueren Geistesgeschichte.« Jung beobachtete, daß alle Menschen einen gegengeschlechtlichen Anteil in ihrer Psyche haben: Männer eine weibliche Anima und Frauen einen männlichen Animus. Animus und Anima verhalten sich in allen Menschen polar und wollen in Harmonie gebracht werden. Diese Harmonie nennen Jesus »Vollkommenheit«, C. G. Jung »Ganzheit«, die chinesische Philosophie das Yin- und Yang-Prinzip und die heutigen Feministinnen den androgynen Menschen (im Griechischen heißt »andro« männlich und »gyne« weiblich).

Der androgyne Mensch ist die Verbindung des Männlichen und Weiblichen im Bewußtsein. Unser Körper ist männlich oder weiblich, aber die Natur des Menschen ist Androgynität, ist die männlich-weibliche Polarität in uns.

Animus–Anima-Konzeption heißt also: Aufgabe des Mannes ist es, seine weiblichen Seelenanteile, die Anima, zu verwirklichen, und Aufgabe der Frau, ihre männlichen Seelenanteile, den Animus. Für mich ist diese Einsicht existentiell wichtig geworden. Meine Traum-Analyse wurde mir inmitten einer Lebenskrise die geistige Lebensrettung. Im Anschluß daran waren die von der Tiefenpsychologie beeinflußten Jesus-Bücher von Eugen Drewermann, Hanna Wolff und Christa Mulack sowie »Der wirkliche Jesus« des Theologen Karl Herbst entscheidende Hilfen. Was diese Autoren wissenschaftlich dargelegt haben, versuche ich in diesem Buch journalistisch zu übersetzen – mit meinen Erfahrungen in der Politik. Um Mißverständnissen vorzubeugen: Die Tiefenpsychologie zeigte mir den neuen Weg zur Quelle. Die Quelle, aus der ich schöpfe, ist Jesus. Ich habe Jesus als anima-integrierten Mann kennengelernt. Daß die bis heute vorherrschende männliche Verstandeseinseitigkeit alles Weibliche in uns Männern (zum Teil auch in den Frauen) abspaltet, verdrängt, leugnet und damit dämonisiert und verteufelt, macht den eigentlichen Wahnsinn unserer Zeit aus. Einseitig »männlicher« Rationalismus, losgelöst von jedem »weiblichen« Gefühl und Empfinden, führte zur Atombombe und zur Gentechnologie, zu Umweltkatastrophen und zu Männerkirchen. Jesus aber ist so aufregend anders – das ahnen wir heute –, weil er seine weiblichen Fähigkeiten nicht abspaltete, sondern lebte und damit Wunder vollbrachte, das heißt: heilte. Spätestens unsere Zeit mit ihren vielen Krankheiten ist reif für Jesus, den geistigen Heiler. Die Tiefenbegegnung mit Jesus ist für jeden Menschen eine »Sternstunde« – mit ihm können die »Sterne vom Himmel geholt«, das heißt: Vertrauen und Selbstbestimmung aufgebaut sowie Mißtrauen und Fremdbestimmung abgebaut werden. Menschsein im Sinne Jesu heißt, freudig der sein wollen, der ich sein soll und kann.

Ich frage in diesem Buch nicht nach dem geglaubten Christus der Theologen – es kommt mir auf den lebenden und heilenden Jesus an, der für unseren Alltag – unabhängig von Konfession und Weltanschauung – aktuell und hilfreich ist oder es zumindest sein könnte. Ich möchte mithelfen, Jesus »heutig« zu machen. An seinem Vorbild soll ein Weg der Befreiung aufgezeigt werden – weit weg vom kirchlichen Gefängnis der Gebote und Verbote. Wir waren in der Lage, Atombomben und Atomkraftwerke zu bauen, und wissen jetzt nicht mehr wohin damit. Wir Menschen wollten Titanen werden. Jetzt müssen Titanen wieder Menschen werden wollen. In dem Heiler Jesus haben wir die geistige Atombombe, mit deren Hilfe wir die materiellen Atombomben überwinden können – die privaten, die beruflichen, die politischen und die militärischen Atombomben, die uns gefangen halten. Er ist der Eckstein, auf den »der Neubau der Geschichte gegründet werden muß« (Johannes Müller). Seine Botschaft ist konkrete Lebenshilfe im Sinne von Seelenpflege als lebensnotwendige Ergänzung zur täglichen Körperpflege. Das wird jedem klar, der sich bemüht, nach dem Kern der Lehre und des Lebens Jesu zu suchen. Und genau das will ich in diesem Buch tun.

Die heutige Psychologie – wesentlich beeinflußt von Freud – ist fast gottlos. Die heutige Theologie – wesentlich beeinflußt von der Aufklärung – ist fast seelenlos. Der große Schweizer Psychologe C. G. Jung hat die göttlichen Kräfte in der menschlichen Seele wiederentdeckt. Nur über unsere

Seele und über unsere Träume, die wir Nacht für Nacht als göttliche Botschaften von der Seele empfangen, kann Heilung und Umkehr erfolgen: für jeden einzelnen, für die Gesellschaft, für die Menschheit. Was in unserem Jahrhundert Selbsterkenntnis und Selbstverwirklichung über die Seele ist, war vor 2000 Jahren für Jesus »Wiedergeburt aus dem Geist«. Religion im Sinne Jesu ist wesentlich Arbeit an sich selbst – im Vertrauen auf Gottes Hilfe und Liebe. Vieles von dem, was heute als Christentum bezeichnet wird, ist im Sinne Jesu eher Aberglauben. Die Worte Selbstverwirklichung und Selbsterkenntnis schimmern wie ein Elftes Gebot durch alles, was wir von Jesus wissen.

Wer aber ist Jesus? Unser Jesus-Verständnis kann nicht weiter reichen als unsere Selbsterkenntnis. Unreife Menschen können nur ein unreifes Verständnis von Jesus haben. Suchende Menschen, die ihr Leben als Reifeprozeß verstehen, werden ein gereifteres Jesus-Bild haben. Gerade weil unsere Zeit so heillos ist, haben viele Menschen ein sicheres Gespür für das heile Menschenbild bei Jesus, das mit einem heilmachenden Gottesbild korrespondiert. Wenn die Glaubenskraft der alten Religionen sich heute weltweit wieder so gewaltig zu Wort meldet, beweist das, wie sehr Religion bei uns durch materialistische Weltanschauungen verdrängt worden ist.

Alles Verdrängte drängt aber irgendwann ans Licht. Für das endgültige Schicksal der Aufklärung wird entscheidend sein, ob der Logos der Aufklärung den Mythos der alten Religionen zu integrieren vermag. Erst diese Integration macht die Aufklärung aufgeklärt. Die Ergebnisse der Aufklärung – Verwissenschaftlichung und einseitiger Rationalismus – haben uns im Atomzeitalter an den Rand des Abgrunds gebracht. Die Rettung wäre eine Aufklärung der Aufklärung, eine Versöhnung von Glauben und Wissen. Das Mittelalter hat den Glauben verabsolutiert, die Neuzeit hat die Vernunft verabsolutiert. Aber erst ein aufgeklärter Glaube macht die Vernunft vernünftig. »Der Mensch lebt nicht vom Brot allein, sondern auch vom Vertrauen in Gott«, sagt der fromme Aufklärer Jesus. Das Neue und

Moderne an diesem Mann ist seine Ganzheitlichkeit, die unsere Gespaltenheit überwinden hilft: die Trennung von Vernunft und Vertrauen, von Wissen und Gewissen, von Religion und Politik. Deshalb ist Jesus *die* geistesgeschichtliche Supermacht unseres Planeten. Mehr noch als bei Buddha oder Pythagoras beeindruckt an Jesus seine Menschlichkeit. Von keinem anderen Religionsstifter oder »Gottessohn« wird berichtet, er habe vor lauter Angst »Blut geschwitzt« und vor Schmerzen geschrien. Sokrates ging heiter in den Tod, Jesus voller Angst und Verzweiflung. Deshalb ist mir Jesus näher. Jesus ist kein Held und kein Halbgott – er zittert um sein Leben. Er ist »wahrer Mensch«. Er liebte das Leben, nicht das Leiden! Aber er hat das Leiden dennoch angenommen.

Jesus gegen die Theologen

Christliche Kirchen und ihre Verwalter scheinen oft nach dem Motto zu handeln: Wir könnten mit der Kirchensteuer und den Spenden so gut leben, wenn nur dieser Störenfried Jesus nicht wäre. Jesus aber ist ein Störenfried für den Frieden und ein Störenfried für die Liebe, der Störenfried für eine bessere Welt. Gott sei Dank haben es der Geist Gottes und der Geist Jesu nicht überall so schwer wie hinter den Mauern des Vatikans.

So werden die Kirchen immer belangloser, Jesus dagegen wird immer wichtiger. Zu Millionen laufen den Kirchen die Gläubigen davon. Das ist ein Alarmzeichen. Doch die Kirchen sind eher beleidigt, als daß sie helfen. Sind denn die Menschen für die Kirchen, oder ist die Kirche für die Menschen da?

Jesus war immer gegen die Vertröstungstheologen. Die Erotik des wirklichen Lebens, die ich von Jesus lernen kann, ist viel aufregender und menschenfreundlicher als die Unschuld eines verlorenen oder künftigen Paradieses, von dem die Theologen träumen.

Ein Christentum, das nicht konkrete und praktische Lebenshilfe bietet, hat mit Jesus nichts gemein. Es ist sinnlos, ja sogar schädlich und krankmachend, weil sich Menschen mit einem nur geglaubten Glauben selbst betrügen. Paul Tillich sagte schon 1962: »Heute hat das Wort ›Glaube‹ mehr Krankheit als Gesundheit zur Folge.« Und Ernst Bloch hat zu Recht geschrieben, daß sich Jesus nicht »als Quartiermacher für ein völlig transzendentes Himmelreich« verstanden hat.

Doch viele Christen machen es wie der Präsident Südafrikas, Pieter Willem Botha. Er benutzt die Bibel als Schlafmittel. Der »Sunday Times« in London vertraute er an: »Wenn ich am späten Abend müde nach Hause komme, nehme ich mir zum Entspannen die Bibel vor. Ich schlafe in ein paar Minuten. Und ich schlafe niemals mit einem schlechten Gewissen.« Jeder Mensch soll gut schlafen. Aber: Die Bibel als Gewissensberuhigung statt zur Gewissensschärfung? Der Zündstoff Jesus, die geistige Atombombe, wird als Schlafmittel zweckentfremdet. Das ist der Geist furchtbarer Kirchen und furchtbarer Christen. Botha ist der oberste Repräsentant eines Regimes unchristlicher Rassentrennung. Die Zeit – nicht reif für Jesus? Die Bibel – ein Schlafmittel? Die Ursprungsidee des Christentums war, alles zu verändern. Das bisherige Resultat des Christentums ist: Fast alles blieb beim alten, nur daß es den Namen »christlich« angenommen hat. Konrad Lorenz hat unsere Situation auf den Punkt gebracht: »In der Hand die Wasserstoffbombe, im Herzen den Aggressionstrieb.« Ohne Religion und Spiritualität gibt es keine wirkliche Rettung. Was aber ist Religion? Was ist spirituelles Leben? In der Schule Jesu können wir es lernen.

Jesus ist heute ein großer Lehrer, weil er vor 2000 Jahren ein großer Schüler war – er war Gottes Meisterschüler. Große Lehrmeister sind zuvor große Meisterschüler gewesen. Entgegen aller christlichen Dogmatik ist der biblische Jesus immer – bis ans Kreuz – ein lernender gewesen, wie der Benediktiner Wilhelm Bruners überzeugend nachweist: zuerst in der Schule seines frommen jüdischen Elternhauses, später sehr wahrscheinlich in der hebräischen Synagogenschule, dann in der Synagoge selbst, wo er bekanntlich schon mit zwölf Jahren durch seine neugierigen Fragen die Priester verblüffte, mit etwa 35 Jahren in der Schule Johannes' des Täufers und schließlich in der Schule eines jeden Menschen, dem er begegnete. Vor allem in der Schule von Frauen. Am meisten aber hat Jesus zweifellos von seinem »Abba«, seinem Vater, gelernt.

Jesus hat seinen Glauben, das heißt sein Urvertrauen zu Gott und zu den Menschen, in Lebenskrisen (Versuchung in der Wüste) und Verzweiflungssituationen (Ölberg, Kreuz) entwickelt und wurde deshalb *der* göttliche Mensch, das heißt: ein ganzheitlicher Mensch. Wer diesen neuen Mann in seiner Seele versteht, hat eine Melodie im Ohr, die ihn nie mehr losläßt. Der verkitschte Jesus, der »erhöhte Herr«, der geglaubte Christus – all dies sind theologische Konstruktionen, die uns in politischen und persönlichen Krisen wenig helfen – es geht um den wirklichen Jesus.

Sein »Vorläufer« und Lehrer Johannes predigte noch: Denkt um und tut Buße! Das ist heute noch kirchliche Lehre. Doch Jesus empfahl etwas ganz anderes und völlig Neues: Kehrt um und vertraut! Der Unterschied ist fundamental. Jesus lehrte: Setzt Gott keine Grenzen, weder durch Dogmen, noch durch Verstand, noch durch »Glauben«. Das griechische »pisteuein« wird noch immer mit »glauben« im Sinne von »ungeprüft für wahr halten« oder »blind glauben« übersetzt. Es heißt aber: vertrauen! Wer im Sinne Jesu vertraut, macht das, wovor die Kirchen panische Angst haben, weil sie dabei ihre Macht über Menschen verlieren: eigene Gotteserfahrungen. Er muß nicht mehr glauben, er weiß und vertraut! Die Erzsünde der Kirche ist, daß sie »Glauben« verordnet, anstatt zu Vertrauen und zu eigener Gotteserfahrung anzustiften. Glauben ohne Erfahrung ist Aberglauben und Jesus nachfolgen heißt: wie Jesus der Liebe Gottes vertrauen.

Sind wir noch zu retten?

Im traditionellen Sinne war Jesus ungläubig – er hat Traditionen nicht blind übernommen. Das Motto des Gottsuchers Jesus finde ich im Thomas-Evangelium: »Wer Gott sucht, darf nie aufhören zu suchen. Wenn er findet, wird er verwirrt sein. Nachdem er verwirrt ist, wird er staunen.«

Vor 100 Jahren fand Freud: Wenn Menschen von Gott reden, umschreiben sie meist ihre Zwänge aus Kindertagen, ihre Ängste und Schuldgefühle, die gegen sie gerichtete seelische Grausamkeit und Vergewaltigung. Der aztekische Sonnengott Tonatiuh hält in seinen Adlerfängen Menschenherzen und streckt ihnen zum Zeichen der Verachtung und Drohung seine messerscharfe Zunge entgegen. An diesen fürchterlichen Gott glauben auch heute noch viele Christen. 70% der Stadtbevölkerung in der Bundesrepublik sind neurotisch. Wo sind die Heiler? Die Kirche hat Angst vor Freiheit und Emanzipation, vor individuellem Gewissen und vor sexueller Selbstbestimmung. Das muß zu Abtreibungskatastrophen führen. Doch Jesus hat zu Freiheit und Selbstbestimmung ermuntert. Er hat dazu eingeladen, Wahrheiten zu *suchen*, nicht dazu, solche zu *haben*. Wozu eigentlich hat Jesus gelehrt, daß Gott Brot und Wein, Weg und Wasser ist, wenn ihn die Kirchen in Dogmen einsperren und den Hungernden statt Brot eine Lehre anbieten? Die einfache Botschaft Jesu lautet: Liebe das Leben, indem du die Liebe lebst! Geh deinen eigenen Weg, dann wird alles gut. Wer sich dem Suchen aufschließt, schließt sich Jesus an.

Christen haben beinahe vergessen, daß Jesus nicht gekreuzigt wurde, weil er sich anpaßte, sondern weil er sich widersetzte. Sein Leben ist ein Hinweis darauf, daß wir nicht nur verantwortlich sind für das, was wir tun, sondern auch für das, was wir widerstandslos hinnehmen. Jesus lehrte »wie einer, der Macht hat« (Markus), nicht wie die saft- und kraftlosen »Schriftgelehrten« damals und heute.

Ein amerikanischer Mönch, in einer Zelle mit Ausblick auf den Erie-See, hat gesagt, er habe zwei Jahre mit der Betrachtung der Leiden Christi verbracht und dabei übersehen, daß der Erie-See vor seinen Augen im Sterben liege! Das ist die Lage des Christentums nach 2000 Jahren, das vor lauter Betrachten des Weges Jesu vergessen hat, sich selbst auf den Weg zu machen. Lewis Mumford hat darauf hingewiesen, daß der Kapitalismus fünf der sieben Todsünden des Christentums – Stolz, Neid, Geiz, Habsucht und Wollust – in soziale Tugenden verwandelt hat, während die christlichen Haupttugenden Liebe und Bescheidenheit als »schlecht fürs Geschäft« abgelehnt werden. Deshalb gilt heute offiziell: Mehr Wachstum! Mehr Energie! Mehr Straßen! Mehr Geld! Und wenn ab 1992 der Europäische Binnenmarkt kommt, soll es noch mehr Wachstum geben. Allein der LKW-Verkehr auf deutschen Straßen soll sich dann verdoppeln.

Die Belastung durch Stickoxide wird dann von 480 000 Tonnen im Jahr 1985 auf 760 000 Tonnen im Jahr 1993 zunehmen – das hat das Umweltbundesamt errechnet. Sind wir noch zu retten?

Ich bin 1938 geboren. Um die heute völlig zerstörten Wälder des Fichtelgebirges wieder auf den Stand zur Zeit meiner Geburt zu bringen, werden zehn Millionen Jahre nötig sein. Das heißt: Wir haben durch unseren Lebensstil in weniger als zwei Generationen kaputt gemacht, was allenfalls in der Zeit von 30 000 Generationen wieder wachsen kann – wenn überhaupt!

Die unbegrenzte Wachstums-Politik der reichen Länder geht zu Lasten der Umwelt und zu Lasten der Menschen in der Dritten und Vierten Welt. Um das zu verstehen, müssen wir uns die Welt mit ihren über fünf Milliarden Menschen als ein Dorf mit nur 100 Familien vorstellen. Dann ergibt sich folgende Rechnung: Sieben Familien besitzen 60 % des Dorfes, 60 Familien verfügen über ein Zehntel des Dorfes. 70 Familien verfügen über keinen Trinkwasseranschluß, 65 Familien können nicht lesen und schreiben. 20 Familien haben ein hundertmal höheres Bruttosozialprodukt als die übrigen, und sieben Familien verbrauchen 80 % der verfügbaren Energie. Vor 30 Jahren war das Ungleichgewicht geringer. Die Schere zwischen armen und reichen Gesellschaften öffnet sich immer dramatischer.

Eine an Jesus orientierte Politik müßte den Mut zur Umkehr haben, sich zum »Weniger« statt zum »immer Mehr« bekennen. Beispiele: Weniger kaufen! Weniger wegwerfen! Weniger Energie! Weniger Chemie! Weniger Verkehr! Das bedeutet: Weniger Abgas! Weniger Abfall! Weniger Lärm! Weniger Radioaktivität! Weniger Umweltzerstörung! Und für den Menschen heißt das: Weniger Streß! Weniger Krankheit! Weniger Kriegsgefahr! Weniger Angst!

Dieses »Weniger« wäre natürlich keine Askese – Jesus ist kein Meister der Askese, er hat kein Fest ausgelassen. Er war vielmehr ein Freund der Lebensfreude und der Lebensqualität. Dieses »Weniger« wäre in Wirklichkeit »Mehr«: Mehr Natur! Mehr Kultur! Mehr Freiheit für Sport und Bildung! Mehr Lebenssinn! Mehr Gemeinsinn! Mehr Frieden! Mehr Zukunft!*

Jesus wußte – wie später Gandhi –, daß die Güter dieser Welt nicht für jedermanns Habgier, wohl aber für jedermanns Bedürfnisse ausreichen. Damit ist grundsätzlich die Sinnfrage gestellt: Was ist der Sinn unserer Arbeit? Leben wir, um zu arbeiten, oder arbeiten wir, um zu leben? Was ist der Sinn unsres Wirtschaftens? Leben wir, um zu wirtschaften, oder wirtschaften wir, um zu leben? Was bedeuten diese Fragen für die westlichen Gesellschaften mit Millionen Arbeitslosen seit zehn Jahren?

Der jesuanischen Ethik verdanken wir in Politik und Wirtschaft eine heilsame Alternative. Das bißchen Sozialethik, das die Kirche im christlichen Abendland bisher verkündet hat, kann allen Wissenden nur ein müdes Lächeln entlocken. Eine Theologie, die sich an Jesus orientiert, ist entweder eine Befreiungstheologie oder gar keine!

---

* Diese Gegenüberstellung »Mehr – Weniger« hat Herbert Gruhl für einen Fernseh-Wahlspot der Ökologisch-Demokratischen Partei ausgearbeitet, der zu 2000 Anfragen an die ÖDP führte.

Nachfolge heißt: Höre auf deine innere Stimme, achte auf deine Träume, hab' Ehrfurcht vor allem Leben, folge deinem Gewissen. Das Hören auf das Gewissen ist Jesu zentrale Forderung nach »Umkehr der Herzen«. Konkrete Beispiele für jesuanische Umkehr nach einer Gewissensentscheidung:
Ein ethisch geschärftes Gewissen
– weiß nach Tschernobyl, daß atomares »Restrisiko« jenes Risiko ist, das uns jeden Tag den Rest geben kann – und handelt entsprechend, auch in seinen Wahlentscheidungen,
– findet es unerträglich, daß Milliarden Mark für Waffen verpulvert werden, während Millionen Menschen verhungern – und handelt entsprechend,
– spürt, daß eine glaubwürdige Position gegen politische Gewalt immer auch einen Verzicht auf persönliche Gewalt miteinschließt und versucht, in Ehe, Familie, Freizeit, Partnerschaft und Beruf danach zu handeln,
– fragt, ob das Urgesetz aller Religionen: »Du sollst nicht töten« nicht auch gegenüber Tieren gilt,
– fühlt, daß es auch den Menschen zum Unheil gereicht, wenn aus schierer Profitgier täglich Tier- und Pflanzenarten brutal ausgerottet werden,
– will wissen, ob es zu verantworten ist, noch Fleisch zu essen, wenn zur Produktion von Fleischnahrung Tiere gequält und siebenmal soviel Kalorien aufgewendet werden müssen wie zur Herstellung von pflanzlicher Nahrung, die auch noch (schmackhafter und) gesünder ist,
– hat keine Angst mehr davor, daß seine gewaltfreien politischen Aktionen in den Computern des Verfassungsschutzes gespeichert werden. Jesus wäre heute mit Sicherheit ein Fall für den Verfassungsschutz.

Ein ethisch geschärftes Gewissen kann Ethik nicht länger in eine private, eine berufliche und eine politische Ethik aufspalten. Ethik ist ganzheitlich oder gar nicht. Die Max Webersche Aufspaltung der Ethik in private Gesinnungs- und politische Verantwortungsethik hatte das Christentum mit seiner Aufspaltung in christliche Sonntagsmoral und unchristliche Wirtschafts- und Alltagsmoral schon vorweggenommen. Diese künstliche Trennung hat jedoch mit Jesus nichts zu tun. Jesus hat nicht gesagt: »Ich mache den Sonntag neu.« Er hat auch nicht gesagt: »Ich mache die Kirche und die Religion neu.« Er hat vielmehr – ausgestattet mit der unverwechselbaren und einmaligen Autorität seiner Gottes- und Selbsterkenntnis – dem Sinn nach gesagt: »Ich mache *alles* neu.« Und zwar »Jetzt« – das heißt, wenn wir es nur wirklich wollen. Das war und ist absolut neu.

Jesus wollte und will herrschaftsfreie und gewaltfreie Veränderung – neuer Mensch, neuer Himmel, neue Erde, *alles* neu –, doch die Männer der Kirchen konstruierten nahezu unveränderliche Systeme. Sie rennen dem Zeitgeist hinterher – doch der lebendige Geist Gottes ängstigt gerade sie. Jüngstes Beispiel: Der Papst schreibt über 100 Seiten zur Stellung der Frau. In den ersten zwei Dritteln des »Hirtenschreibens« schreibt er das zusammen, was Soziologen, Anthropologen und Psychologen dazu heute zu sagen haben. Doch im letzten Drittel begründet der Papst dann mit einfallslosem und ängstlichem Dogmatismus, warum Frauen in der katholischen Kirche *nicht* zu Priesterinnen, Bischöfinnen oder zur Päpstin geweiht werden dürfen. Der Frauenfreund Jesus wird so neu gekreuzigt.)

»Wer wie Jesus je vom Himmelreich geträumt hat, gibt sich mit dieser Welt, so wie sie ist, nicht mehr zufrieden.« (Leonardo Boff)

Dabei ist Jesu »Himmelreich« oder »Reich Gottes« keine andere Welt als die gegenwärtige, aber die gegenwärtige in einem völlig neuen Zustand – jene Welt, in der »*alles neu*« ist.

Sich auf Jesus berufen ist entweder etwas ganz Großes oder gar nichts.

Im Traum sah ich diesen Satz: »Der richtigen Theorie folgt die richtige Praxis.« Das heißt: Es kommt sehr darauf an, bei wem ich in die Schule des Lebens gehe – bei Jesus oder bei Pilatus – bei *dem* Meister des Lebens oder bei den Vertretern von Macht und Mammon.

Wer die »richtige Theorie« für seine Lebenspraxis kennenlernen und sich dabei auf Jesus berufen will, muß wissen, wer Jesus vor 2000 Jahren war! Wer war Jesus wirklich?

Zweites Kapitel
Wer war Jesus?

> »Nicht die Gesunden brauchen einen
> Arzt, sondern die Kranken. Ich kam
> nicht, um Gerechte einzuladen,
> sondern Sünder.« (Jesus)

Während viele christliche Theologen über Jesus wie über einen weltfremden Idealisten predigen, hat er nach Meinung des marxistischen Philosophen Milan Machovec ganz handfest »die Welt in Brand« gesetzt. Wie hat Jesus das geschafft? Nicht nur durch ein attraktives Programm, sondern vor allem, weil er mit diesem Programm identisch lebte. Das ist das Geheimnis der Wirkkraft, die von Jesus ausging und ausgeht.

- Jesus redet nicht nur Neues von Gott, er nimmt dabei auch keine Rücksicht auf geheiligte Traditionen. Lieber Skandal als keine Wahrheit.
- Er redet nicht nur von Gottes Barmherzigkeit, er heilt auch selber Kranke.
- Er redet nicht nur über die Gleichheit aller Menschen, er behandelt auch Frauen gleichwertig und nimmt Kinder ernst.

Er war mit seinem Programm identisch und ist deshalb Vorbild für alle Identitätssucher. Jesus war und ist ein Hoffnungsstern für alle Suchenden. »Wer sucht, der findet.« Nicht die geistig Besitzenden und Habenden, die Suchenden als die »geistig Armen« hat er selig gepriesen.

Jesus war mit seinem Programm gerade nicht der große Idealist, zu dem ihn Kirchenmänner seit 2000 Jahren machen wollen. Er ist – dies beweist das anhaltende Interesse an ihm – ein Realist und großer Menschenkenner. Jesus war und ist *der* Vertreter des *gesunden* Menschenverstandes. Jesu Vorstellung vom Menschsein steht nicht in Gegensatz zur Vernunft, sein realistisches Programm macht die Vernunft erst weise. Seine Bergpredigt und Glücksverheißungen sind ein Programm für *alle*, für Menschen wie du und ich: Er appelliert an den gesunden Menschenverstand kluger Egoisten. Ich betone an dieser Stelle den Egoismus in seiner wörtlichen Bedeutung – im Sinne von ich-stark. Viele »Egoisten« sind nicht ich-stark, sondern ich-schwach. Jesus war aber eine ich-starke, eine selbstbewußte Persönlichkeit. Er sprach »mit Kraft« und »aus Vollmacht«, heißt es immer wieder im Neuen Testament. Seine Botschaft war absolut neu, und deshalb waren die Menschen – wie bei allem Neuen – »entsetzt« und »außer sich«. Er redete »gewaltig«, aber er vergewaltigte niemanden. Und: er heilte.

Als Jesus am Sabbat in Kafarnaum einen Mann mit einem unreinen Geist heilt, »erschaudern alle« – schreibt Markus.

Als er – wiederum am Sabbat – einen Mann mit einer verkrüppelten Hand heilt, hecken die Pharisäer und die Anhänger des Königs Herodes sogar einen Mordplan gegen Jesus aus. Und als er – nochmal am Sabbat – eine Frau heilt, die jahrzehntelang nur gekrümmt gehen konnte, protestiert der Vorsteher der Synagoge.

Was er sagte und tat, war überzeugend und heilend für seine Mitmenschen. Sie kamen zu Tausenden zu ihm: Fischer und Bauern, Frauen und Kinder vor allem. Mehr als dreißigmal erwähnt das Markus-Evangelium, daß »die Menge«, »viel Volk« zu Jesus drängt. Es sind hauptsächlich die Unterschichten – Tagelöhner, Arbeitslose, Sklaven, Bettler, Kranke – und die Mittelschichten – Handwerker, Fischer, Kleinbauern –, die Jesus erwarten und ihm folgen. Wer die Geographie Galiläas gesehen hat, den wundert es nicht, daß im Neuen Testament sowohl von einer »Bergpredigt« bei Matthäus, einer »Feldpredigt« bei Lukas und sogar von einer »Seepredigt« bei Markus die Rede ist.

Für die dortigen Menschen, die sich in einer gnadenlosen

Gesetzesreligion gefangen fühlten, war Jesu Botschaft von Gott als einem liebenden Vater eine Befreiung.

Es gibt Gegenden auf unserem Planeten, wo man die Jahreszeiten intensiver als anderswo erlebt: zum Beispiel den Frühling in Kalifornien, den Sommer in Sardinien, den Herbst in Baden-Baden und den Winter in den Schweizer Bergen. Zu jenen Landschaften, wo man den Frühling wie das Geschenk einer fünften Jahreszeit erleben kann, gehört die Gegend um den See Genesareth zwischen Bethsaida, Kafarnaum und Magdala, wo Jesus mit seinen Heilungen den größten Erfolg hatte, weil ihm die Menschen dort am ehesten vertrauten. Ich habe einige Frühlingstage bei Kafarnaum, wo Jesus wohnte, wie ein fünftes lebendiges Evangelium empfunden, das mir die geschriebenen vier Evangelien besser verstehen half. Es gibt Verwandtschaften zwischen einer Seelenlandschaft und einer geographischen Landschaft. Die Seelenlandschaft Jesu kann man am See Genesareth ahnen. Es ist der Ort der Bergpredigt, der »Brotvermehrung«, des »Sturms auf dem See« und vieler Heilungen.

Exakte historische Daten haben wir nur wenige über Jesus. Was wir heute wissen: Er ist sehr wahrscheinlich bereits im Jahre 7 »vor Christus« in Bethlehem geboren, lebte mit seinen Eltern in Nazaret, hatte den Beruf des Bauhandwerkers von seinem Vater gelernt und zusammen mit ihm ausgeübt, überwiegend als Wanderarbeiter. Jesus ließ sich mit etwa 35 Jahren von Johannes taufen und trat dann zwei bis drei Jahre hauptsächlich in Galiläa als Wanderprediger und Heiler auf, hatte ein Haus in Kafarnaum am See Genesareth und wurde mit 37 oder 38 Jahren in Jerusalem gekreuzigt. Damit war Jesus nach damaligen Vorstellungen bei seinem öffentlichen Auftreten durchaus kein junger Mann mehr.

Jesus hatte Brüder und Schwestern. War er verheiratet? Der jüdische Theologe Ben Chorin schrieb 1984 in seinem Buch »Bruder Jesus« für viele überraschend: »Ich bin also der Ansicht, daß Jesus von Nazaret, wie jeder Rabbi in Israel, verheiratet war.«

Die Autoren des Neuen Testaments interessieren sich für diese Frage nicht. Die christlichen Theologen gehen überwiegend davon aus, daß Jesus unverheiratet war. Dies ist zwar nicht sicher, aber wahrscheinlich. Bei Markus (6,3) werden die wichtigsten Mitglieder von Jesu Familie aufgezählt: seine Mutter, seine Brüder, seine Schwestern. Wir können davon ausgehen, daß Jesu Frau, wäre er verheiratet gewesen, wenigstens an dieser Stelle erwähnt worden wäre.

Sein Programm ist zusammengefaßt in dem Satz: »Liebe deinen Nächsten *wie dich selbst*«, d. h. nur wenn man sich selbst akzeptiert, kann man andere lieben. Nur weil in idealistischer Verzerrung der zweite Teil des Satzes meist vergessen wurde, konnte aus dem Realisten Jesus ein weltfremder, allenfalls noch liebenswerter Spinner gemacht werden. Doch sein gesunder Egoismus schließt das persönliche Glück nicht aus, sondern ein. Deshalb vermute ich mit Dorothee Sölle, daß Jesus zu den »glücklichsten Menschen der Weltgeschichte« gehört.

Der Realist

Alle seine programmatischen Forderungen sind zunächst einmal vernünftig: Eigenliebe, Nächstenliebe, Feindesliebe und Gottesliebe sind Voraussetzungen für glückbringende und glückverbreitende Humanität. Das kann jeder am eigenen Leib erfahren. Jesus hat auch eine vernünftige Einstellung zur ehelichen Treue. Vielleicht muß man sich erst – wie ich – in einer typischen Midlife-Crisis Herzrhythmusstörungen einhandeln, um auch in diesem Punkt Jesus ernst zu nehmen. Der neue Mann Jesus schlägt nicht gesetzliche Treue, sondern liebende Treue vor – Treue aus innerer männlicher Haltung zur geliebten Partnerin, was umgekehrt auch für die Partnerin gilt.

Wer sich mit Jesu Programm beschäftigt und es zu leben versucht, muß die Vatikan-These zurückweisen, wonach die Zeit für Jesus »noch nicht reif« sei. Die Zeit *ist* reif für Jesus! Spätestens im Atomzeitalter liegt die weltweite Realisierung seiner Ideen von Liebe und Frieden, Gerechtigkeit und Freiheit buchstäblich in der Luft. Viele Menschen spüren dies in ihrem persönlichen Leben. Auf der politischen Bühne ist Michail Gorbatschow *der* Vertreter des gesunden Menschenverstandes im Sinne des Abbaus von Feindbildern, wie Jesus es vorschlägt. Gorbatschow macht Schritt für Schritt Politik mit dem gesunden Menschenverstand eines klugen Egoisten.

Jesus war viel weniger der asketisch-fromme Typ, als den Kirchenvertreter ihn bisher dargestellt haben. Er hat kein Fest ausgelassen, was ihm die Pharisäer damals heftig vorwarfen. Er ist vielmehr Vertreter einer ganzheitlichen Lebensfreude, die sich am eigenen Wohlbefinden wie auch am Wohlbefinden der anderen orientiert. Sein Vorschlag der Feindesliebe ist nicht politisch töricht und idealistisch weltfremd, sondern gerade heute klug und realistisch. Feindesliebe heißt: »Hab' den Mut zum ersten Schritt« und »Dein Feind, er ist ein Mensch wie du.« (Jesus im Thomas-Evangelium)* Die Welt wird anders, wenn Politiker anfangen, diesen ungeheuren Satz in seiner Tiefe zu verstehen. Politiker werden anfangen, ihn zu verstehen, wenn viele Menschen angefangen haben, ihn zu verstehen und zu leben. Jesus wußte, was Menschen krank macht. Deshalb konnte er auch heilen. Deshalb ist er auch der große Heiler unserer Zeitkrankheiten, der persönlichen und politischen. Es ist einfach vernünftig, sich an Jesus zu orientieren. Nach einem Vortrag fragte mich eine Besucherin, ob es nicht sehr schwer sei, im Sinne der Bergpredigt leben zu wollen. Ich konnte ihr aus eigener Erfahrung nur erwidern: Es ist bestimmt schwerer, *nicht* im Sinne der Bergpredigt leben zu wollen.

Die salbungsvolle und weihrauchgeschwängerte Jesustümelei, die uns von Kindheit an eingetrichtert wurde und die uns daran hinderte, religiös erwachsen zu werden, müssen wir über Bord werfen und uns statt dessen an seinen kraftvollen Worten orientieren: »Her zu mir, ihr Bedrückten

---

* Das Thomas-Evangelium ist eine Überlieferung von 114 Jesus-Worten. Einige Forscher halten es nicht für ausgeschlossen, daß Teile dieses erst 1945 von ägyptischen Bauern bei Qumran gefundenen Textes älter sind als die vier biblischen Evangelien.

und Bedrängten, ich will euch Ruhe geben.« (Mt 11,28) Menschen mit gebrochenem Herzen, ich-schwache Zweifler und verblendete Ideologen, die im wesentlichen von ihren Vorurteilen leben, bedürfen der »Ruhe«, die die innere Gelassenheit dieses ich-starken Jesus ausstrahlt. Jesu Ruhe ist die »Ruhe der inneren Befestigung« (Eugen Biser). Kein erwachsener Mann, kein suchender Jugendlicher und keine sich emanzipierende Frau kann mit dem verkitschten Jesulein noch das geringste anfangen.

Wie ein Blitz wird es uns durchzucken und wie vom Donner gerührt werden wir erschrecken, wenn wir uns von diesem Mann im Vollbewußtsein seiner Sendung zurufen lassen: »Feuer auf die Erde zu werfen, bin ich gekommen; und was will ich mehr, als daß es brenne« (Lk 12,49). Der Flächenbrand, den dieser wirkliche Jesus vor 2000 Jahren entzündet hat, wird nie mehr zu löschen sein.

Jesus zeigt einen sehr praktischen Weg, Teufelskreise zu sprengen – privat wie politisch. Das haben Menschen zu allen Zeiten ihm nicht vergessen und werden es ihm nicht vergessen. Priester- und Schriftgelehrte jedoch werden es Jesus nie verzeihen, daß er die Autonomie und die emanzipatorischen Kräfte jedes Menschen direkt und ohne institutionalisierte Vermittlung wecken will.

Der erste neue Mann

Die Wirkkraft Jesu heute ist nur zu erklären mit seiner Wirkkraft während seines historischen Lebens. Die kritisch-theologische Forschung der letzten 150 Jahre hat uns zwar nicht so viele Erkenntnisse über den historischen Jesus gebracht, daß man eine exakte Biographie schreiben könnte, dennoch können wir uns sehr wohl ein recht genaues Bild vom historischen Jesus machen. Die historisch-kritische Exegese hat dazu ebenso beigetragen wie die tiefenpsychologische Jesus-Forschung der letzten Jahrzehnte. Danach kann man guten Gewissens sagen: Jesus ist der erste ganzheitliche, das heißt seine männlichen und weiblichen Seelenanteile lebende Mann der Geschichte. Sein Leben bedeutet ein neues Kapitel in der Menschheitsgeschichte. Man muß sich deutlich machen: Jesu Leben vor 20 Jahrhunderten begann recht armselig und endete am Kreuz neben zwei Schwerverbrechern. Warum ist dieses Leben heute noch so faszinierend? Weil er konsequent und als erster gezeigt hat, was es heißt, das zu leben, was man lehrt. Er war kein Angepaßter, sondern ein Mitreißender. Nach Jesus ist nicht wichtig, was einer wird durch sein Reden, sondern allein, was einer ist durch sein Tun. Hermann Hesse drückt diesen Gedanken in »Narziß und Goldmund« so aus: »Du kannst bei den Geboten stehen und kannst weit weg von Gott sein.« Die Echtheitskriterien Jesu waren: konsequent, unverwechselbar, einmalig, ganzheitlich, kindlich, profiliert, sehr bewußt. Jesu Reden und Lehren waren nicht irgendwie anders, er war *ganz* anders – der größte Kontrast zu seiner jüdischen Umwelt, den man sich vorstellen kann. Dieser Gesamteindruck zieht sich durch das ganze Neue Testament. Schriftgelehrte und Pharisäer klebten am Gesetz und an Konventionen, an Prinzip und Autorität. Jesus hingegen reagierte sachbezogen, spontan, einfühlsam und elastisch – am wirklichen Leben und am lebendigen Menschen orientiert, nicht an einer toten Lehre. Seine Zuhörer waren nicht irgendwie neugierig, sie waren »entsetzt«, »erstaunt«, »verwundert«.

Jesus war ein neuer Mann, weil er erstmals die ausschließliche Männer-Fixierung der damaligen Gesellschaft aufgedeckt und in Frage gestellt hat. Im gesamten Neuen Testament finden wir bei vielen Begegnungen, die Jesus mit Frauen hatte, kein einziges zorniges Wort gegen Frauen, aber sehr viele zornige Wörter gegenüber Männern. Seine absolut neue Haltung gegenüber Frauen – inmitten einer frauenfeindlichen und ausschließlich männerorientierten antiken Welt – zeigt am deutlichsten den neuen Mann Jesus. Am aufschlußreichsten, was Männer angeht, ist ihre Haltung Frauen gegenüber. Weder Buddha noch Mohammed, weder Aristoteles noch Plato begegneten Frauen so ressentimentfrei, partnerschaftlich und spontan selbstverständlich. Buddha ist zweifelsfrei der stärkere Denker, Jesus der tiefer Fühlende. Von den vier Männern, die Karl Jaspers für die Maßgebendenden der Menschheitsgeschichte hält – Konfuzius, Buddha, Sokrates und Jesus –, hat Jesus ohne Zweifel die intensivste Anima-Integration, die größte Harmonie von Männlich-Weiblich. Wie später noch zu zeigen sein wird, hat sich Jesus von Frauen in Frage stellen lassen; er ging bei Frauen in die Schule. Die übrigen Männer um ihn herum haben deshalb nur entsetzt den Kopf geschüttelt. Viele tun es auch noch heute bei dem Gedanken, daß Jesus von Frauen gelernt haben soll. Auch Frauen gewöhnen sich nur schwer an diesen Gedanken. »Jesus ist der erste Mann, der keinerlei Animosität dem Weiblichen gegenüber zeigt, das ist ein Phänomen.« (Hanna Wolff) Nichts hat Jesus an Frauen irritiert. Weil er das Weibliche in sich entwickelt und integriert hatte, brauchte er nicht das Unterdrückt-Weibliche auf Frauen um ihn herum aggressiv zu projizieren, wie dies die meisten Männer bis heute tun und wie es damals alle Männer taten. Jesus ist die erste große Ausnahme. Das Weibliche war für ihn mehr als das Mütterliche. Das Weibliche, beschränkt auf Mütterliches, ist *das* Problem vieler Männer von heute, die in ihren Frauen Ersatzmütter statt Partnerinnen und Geliebte sehen. Die Welt ist voller Muttersöhne. Dieser Bewußtseinszustand vieler Männer ist nicht reif und erwachsen, sondern infantil.

Jesu »Frauengeschichten« hingegen liegt ein freimachendes Verständnis gegenüber Frauen zugrunde. Psychotherapeuten weisen immer wieder auf eine entscheidende Ursache aller Neurosen und Psychosen hin: die Infantilität. Männer und Frauen wollen nicht erwachsen werden; sie verweigern sich dem Reifeprozeß, den das Leben von ihnen verlangt. Infantilität heißt: die Weigerung, als Person Verantwortung zu übernehmen.

Die Kirchen haben mit ihrem Jesus-Kind noch immer ein infantiles Jesus-Bild. Das sagt wenig über den wirklichen Mann Jesus, aber viel über die Kirchen. In der kirchlichen Kunst wird Jesus neben Maria oft als »Muttersohn« dargestellt. Genau dies war Jesus nicht. Er war nicht mutter-fixiert wie ein »Muttersohn«, sondern weiblich-orientiert wie ein reifer Mann. In Frauen sah er Freundinnen und Partnerinnen, nicht Ersatz-Mütter oder Lustobjekte.

Nur anima-integrierte Frauen und Männer können den anima-integrierten, ganzheitlichen Jesus verstehen. Solange Kirchen reine Männerkirchen sind, bleiben das Weibliche und die Frau in ihr mißachtet. Deshalb muß der wirkliche Jesus noch eine Zeitlang darauf warten, von den Kirchen entdeckt zu werden. Mit ihm allerdings könnten die Kirchen der Welt einen, nein *den* entscheidenden Beitrag zur Rettung und Befreiung schenken.

In Jesus haben sich Männliches und Weibliches nicht mehr bekämpft, sondern befreundet und versöhnt. Er ist der androgyne, das heißt der männlich-weibliche Mensch. Der männlich-weibliche Geschlechtergegensatz ist das Schicksal eines jeden Menschen. Der Intellekt (oder das Männliche) liebt den Leib (oder das Weibliche) – und umgekehrt.

»Auf diese Weise ist jeder lebendige und liebende Mensch Mann und Frau zusammen. Und dieses Aufeinander-Bezogensein und Einander-Sichergänzen ist die große Lebensmacht der nicht genug zu rühmenden Liebe.« (Hanna Wolff) Jesus war ein ganzer Mann, weil er die männlich-weibliche Ganzheit entwickelte und lebte. Erst so wird er »wahrer Mensch«. Das liebe Jesuskind auf dem Schoß seiner Mutter ist erwachsen geworden – ein Mann.

Jesu Sprache ist bildreich, intuitiv und konkret im Gegensatz zur heute vorherrschenden Akademiker-, Beamten- und Politiker-Sprache. Unsere heutige Sprache ist veräußerlicht: Wir be-greifen, er-fahren, ver-stehen, er-fassen. Jesu Sprache wurde von innen gespeist: Er fühlte, ahnte, empfand, spürte, hatte Intuitionen, »sah« den Himmel offen und »hörte« die Stimme seines Vaters. Wer Jesus zuhört, erlebt in seinen Worten Lebensnähe, Lebenspraxis und die Autorität Gottes: »Er lehrte mit Vollmacht und nicht wie ihre Schriftgelehrten« (Mt 7,29).

Das heißt, die Leute spürten, der weiß, wovon er spricht:

»Er war nicht besessen von einer Idee, sondern bewegt vom menschlichen Gott.« (Karl Herbst) Er lehrte kein Buchwissen, sondern gab den Dörflern, die ihm damals zuhörten, seine eigenen Erfahrungen und Empfindungen weiter.

»Nicht die Gesunden brauchen einen Arzt, sondern die Kranken.« Das ist die Sprache des Weiblich-Intuitiv-Helfen-Wollenden.

Als ganzheitlicher Arzt, als Heiler hatte Jesus »Mitleid« und »Erbarmen«, er »klagte« und »weinte«. »Jesus und Gefühl gehören zusammen. Sein Gefühl ist immer engagiert, er ist der Mann der Gefühlsbereitschaft und der Gefühlsbeteiligung.« (Hanna Wolff)

Es lohnt, bei Jesus in die Schule zu gehen. Wenn »Gottes Lieblingsschüler« (Wilhelm Bruners) in der Zeit seines öffentlichen Lebens tagsüber die Gekränkten und die Schwachen getröstet und geheilt hatte, dann hat er sich am frühen Morgen oder am späten Abend zum Gespräch mit seinem Vater, zu Gebet und Meditation, zurückgezogen und mit Gott zusammen das bedacht, was er von Menschen gelernt hatte. Jesus wurde ein großer Heilender, weil er die Heilkraft der Stille suchte und tief aus ihr schöpfte.

Sein Vertrauen in Gott war für Jesus ein Lern- und Wachstumsprozeß. Nur wer sein eigenes Leben als Lern- und Wachstumsprozeß erlebt, kann diesen wirklichen Jesus verstehen und von ihm lernen. In vielen Lebenskrisen und Verzweiflungssituationen hat er geweint und geschrien, hat Gott sein Leid geklagt und mit ihm gerungen. Deshalb und nur deshalb ist er bleibendes Vorbild. Ich weiß, was ich schreibe, denn auch ich habe die Wirkkraft des lernenden Jesus in Lebenskrisen erfahren.

War Jesus gehorsam?

Eine einzige Stelle im Neuen Testament berichtet davon, daß Jesus seinen Eltern gegenüber – nachdem er als Zwölfjähriger allein im Tempel gerade »ungehorsam« gehandelt hatte – gehorsam war. Ansonsten aber: viel Spannung mit seinem Elternhaus, mehrmals Schroffheit gegenüber seiner Mutter und seinen Geschwistern, Krach mit der ganzen Sippe, als er aus Nazaret in sein Haus nach Kafarnaum umgezogen war. Es ist bezeichnend für die Verharmlosung Jesu zum lieben Jesulein durch die Kirche, daß sie Jesu »Gehorsam« überbetont, aber seine für seinen eigenen Weg unabdingbar notwendige, für Jesus charakteristische und für seine Eltern auch schmerzhafte Abnabelung von Elternhaus und Sippe verdrängt. Wer gehorcht, überträgt seine eigene Verantwortung auf eine Autorität: Eltern, Lehrer, Vorgesetzte, Kirche, Partei. Jesus war kein Gehorsams-Typ. Vertrauen zu Gott war ihm wichtig, nicht Gehorsam gegenüber menschlichen Autoritäten.

Ein Beispiel für Jesu eigenwilligen Weg gegen den Widerstand der Familie überliefert Markus. Als sich um Jesus immer mehr Menschen scharen, will ihn die Familie »mit Gewalt« zurückholen. »Sie sagten: Er ist von Sinnen.« (Mk 3,21) Die erste Bemerkung seiner Angehörigen über Jesus in der Bibel heißt also: Er ist verrückt! Die damaligen Theologen hielten ihn für besessen, die Familie für verrückt. Als mitten im Gedränge in Kafarnaum zu Jesus gesagt wird: »Deine Mutter und deine Brüder fragen nach dir!«, fragt er schroff zurück: »Wer ist meine Mutter und wer sind meine Brüder? Nur wer den Willen Gottes erfüllt, der ist für mich Bruder und Schwester und Mutter.« Blutsverwandtschaft oder Nationalität sind für den Geist-Menschen Jesus nicht so wichtig wie geistige Verwandtschaft in Gott. Es ist im Sinne Jesu wichtiger, ein guter Mensch werden zu wollen, als ein »guter Deutscher« oder ein »guter Sohn« zu sein.

Die zitierte Markus-Stelle ist eindeutiger Beleg dafür, daß Jesus völlig frei war von einem Vater- oder Mutterkomplex. Das ist Voraussetzung jeden Reifens und Erwachsenwerdens. Ohne gelungene zweite Abnabelung von seinen Eltern hätte Jesus niemals seine einmalige und großartige Bedeutung für den Reifeprozeß der gesamten Menschheit erreicht. Mutter-Söhne und Vater-Töchter werden nicht entscheidungsfrei und verantwortungsfähig. Das aber war

Jesus exemplarisch. Wie schwer es Jesus mit seiner Familie hatte und diese mit ihm, beschreibt Markus so: »Nirgends hat ein Prophet so wenig Ansehen wie in seiner Heimat, bei seinen Verwandten und in seiner Familie.« (Mk 6,4).

War Jesus politisch?

Er hat auf politische Fragen ebenso geantwortet wie auf persönliche. Christen haben allerdings die politische Dimension Jesu bis heute kaum wahrhaben wollen. Jesu Freunde sollten und sollen »Salz der Erde«, »Licht der Welt« und »Sauerteig« sein. Nach Lukas hat Jesus sein öffentliches Wirken damit eingeleitet, daß er »den Demütigen Glück«, den »Gefangenen Loskauf«, den »Blinden Licht« verkündete. Kein unpolitisches Programm, sondern eine Ankündigung grundsätzlicher Befreiung, in der auch alle politische Macht relativiert wird. Solche Botschaft bedeutet eine Bedrohung für Machtmenschen. Viel Elend der Menschen hängt mit den politischen Umständen zusammen. Jesus wollte *alles* Unmenschliche umkrempeln, neu machen. Seine Gottesherrschaft orientierte sich an sehr politischen Ideen wie Freiheit, Gerechtigkeit, Frieden und Barmherzigkeit. Und *dieses* Ideal soll nicht politisch sein? Feindesliebe soll keine politische Provokation sein?

In zwei Fragen war Jesus von erschreckender Konsequenz: in Fragen des Geldes und in Fragen der Macht. Er war nicht grundsätzlich gegen Geld und Macht, aber er hat grundsätzlich die Frage nach dem *Sinn* von Geld und Macht gestellt. Sind Geld- und Machtfragen unpolitisch?

Wer den historischen Jesus, wer die Bergpredigt unpolitisch sieht, hat nicht viel von Jesus begriffen. Der Hindu Gandhi wußte es besser und hatte Erfolg mit der Politik Jesu. Aber bei christlichen Politikern hatte Jesu Politik bis heute noch keine Chance. Die Christen Otto von Bismarck und Helmut Schmidt, Karl Carstens und Helmut Kohl sagen übereinstimmend unchristlich: »Mit der Bergpredigt kann man nicht regieren.« Richard von Weizsäcker ist die große

Ausnahme: »Die Bergpredigt ist eine tägliche Herausforderung.« Diese Ausnahme bestätigt die Regel.

Jesus hat sich immer eindeutig von einer Politik der Gewalt distanziert. Gewaltvertreter hat es auch um Jesus gegeben. Das waren römische Besatzungspolitiker einerseits, aber auch jüdische Widerstandskämpfer. Jesus hat sich von *beiden* Seiten der Gewalt distanziert. Er wußte, daß Gewalt immer Gegengewalt provoziert. Die Widerstandskämpfer gegen die römische Besatzung hießen Zeloten. Einige von Jesu Jüngern waren Zeloten: Simon »der Zelot« und Judas Ischariot. Jesus, der Gewaltfreie, hat sie enttäuscht. Er war – und ist es heute immer sichtbarer – der konsequente Meister der Gewaltfreiheit. Mit seiner Feindesliebe zeigt er den Königsweg, auf dem der Teufelskreis von Gewalt und Gegengewalt durchbrochen werden kann.

Wenn Jesus sagt: »Wenn dich einer auf die rechte Backe schlägt, dann halte ihm auch die linke hin«, dann ist dies keine idealistische Aufforderung, sich alles bieten zu lassen, sondern eine realistische Möglichkeit, den Feind zu entfeinden. Es gibt Tiere, die in äußerster Not, bevor der Feind tödlich zubeißt, diesem scheinbar hilflos ihren Hals zum Biß anbieten – und dadurch überleben! Ihr Feind beißt dann nicht zu! Jesus hat vielleicht solche Tiere beobachtet und von ihnen gelernt. »Er lebte mit den wilden Tieren zusammen.« (Mk 1,13) Wer den gewaltfreien Weg Jesu geht, kann Wunder erleben. Garantien hierfür gibt es allerdings nicht. Doch Jesus hat mit Bestimmtheit gemeint, daß es allemal besser ist, getötet zu werden, als selbst zu töten. Jesus wäre tatsächlich der Trottel, für den ihn viele halten, wenn er nur gesagt hätte: »Widersteht dem Bösen nicht!« Er sagt aber etwas ganz anderes: »Widersteht dem Bösen nicht, sondern verwandelt das Böse durch das Gute!« Das ist nicht die Aufforderung, alles zu dulden, sondern durch kluges Verhalten alles zu verändern.

Wohin eine Politik der Gewalt und Gegengewalt führt, hat Jesus zu seiner Zeit vorausgesehen: zur Zerstörung von Jerusalem und zur Ausrottung eines großen Teils der jüdischen Bevölkerung. Der Weg, den Jesus aufzeigt, ist der einzige Weg, Schritt für Schritt die imperialistischen Prinzipien unserer Welt zu überwinden und »der großen Utopie einer herrschaftsfreien, aus dem Gebiet Gottes lebenden Gemeinschaft von Mensch und Kreatur auf dieser Erde näher zu kommen« (Wilhelm Haller). Jesus schlug Machtverzicht vor, weil er die Gefahren der Macht für die Menschen realistisch durchschaute.

Die »Armen im Geiste« sind die, die »keine Gewalt anwenden«. Es gibt klügere Waffen als Gewalt. Michail Gorbatschow hat davon etwas begriffen.

Der wirkliche Jesus

2000 Jahre lang haben Christen »ihren« Jesus bedacht, diskutiert, meditiert, zerredet und in seinem Namen Krieg geführt – oft gegeneinander! Sie waren sich fast immer darin einig: Jesus-Nachfolge geht nicht. In der Politik hieß das: »Mit der Bergpredigt kann man nicht regieren.« Jesus hat das Gegenteil vorgeschlagen. Er will nicht den Dummkopf, der »sein Haus auf Sand baut«, sondern den Vernünftigen, der sein Haus auf tragfähigen Grund, »auf Felsen baut«. Jesus will also bewußte Nachfolger und Nachfolgerinnen, das heißt: Menschen, die nicht über die Wahrheit spekulieren, sondern »die Wahrheit tun«. Mit dieser Forderung: Spekuliert nicht, sondern handelt! ist Jesus atemberaubend konsequent und hart. »An ihren Früchten sollt ihr sie erkennen«, nicht an ihren frommen Sprüchen. Nichts bleibt übrig von dem sentimentalisierten und romantisierten Jesus, wenn er den Frommen und Selbstgerechten, den Priestern und Etablierten zuruft: »Die Zöllner und Huren kommen eher in Gottes Reich als ihr.« Die Begegnung mit Jesus hat vor 2000 Jahren die Selbstheilungskräfte vieler Menschen mobilisiert. Daran hat sich bis heute nichts geändert: »Der Bewußte macht andere bewußt.« (Hanna Wolff) Jesus lebte nicht naiv, sondern in tiefer Bewußtheit. Das war und ist ansteckend, es führt zur Wandlung und zur Umkehr, dem eigentlichen Ziel aller Religionen.

Jesus ließ niemanden gleichgültig. Die Unterdrückten – Frauen, Kinder, Sklaven und alle anderen Ausgebeuteten – fühlten sich von ihm verstanden und angesprochen; die Selbstgerechten, die Schriftgelehrten, Pharisäer und alle Etablierten wurden aggressiv und verfolgten ihn. Warum er gekreuzigt wurde? Es ist naiv anzunehmen, die Liebe würde von herrschenden Männern, die vor allem an ihrer Macht interessiert sind, liebevoll akzeptiert.

Jesus war eine Herausforderung! Er provozierte die Entscheidung für oder gegen sich. Zum Beispiel mit dieser Geschichte, die Jesus »einigen, die sich für untadelig hielten und auf andere herabsahen«, erzählte:

> Zwei Männer gingen in den Tempel, um zu beten, ein Pharisäer und ein Zolleinnehmer. Der Pharisäer stellte sich ganz vorne hin und betete: »Gott, ich danke dir, daß ich nicht so habgierig, unehrlich und verdorben bin wie die anderen Leute, zum Beispiel dieser Zolleinnehmer. Ich faste zwei Tage in der Woche und gebe dir den zehnten Teil von allen meinen Einkünften.« Der Zolleinnehmer aber stand ganz hinten und getraute sich nicht einmal aufzublicken. Er schlug sich an die Brust und sagte: »Gott, hab' Erbarmen mit mir, ich bin ein sündiger Mensch.« Jesus schloß: »Ich sage euch, als der Zolleinnehmer nach Hause ging, hatte Gott ihn angenommen, den anderen nicht. Denn wer sich erhöht, der wird erniedrigt, aber wer sich geringachtet, der wird erhöht.« (Lk 18,10–14)

Das ist modernste Tiefenpsychologie: Der Zöllner weiß um seine Fehler und wird umkehrfähig, während der Pharisäer nichts von sich weiß. Er verkleidet vielmehr seine Lebenslüge auch noch mit einem religiösen Mäntelchen und hat damit nicht die geringste Umkehrchance. Das ist häufig das Problem der selbstgerechten Frommen, die meinen, Gott zu *haben*, und ihn deshalb nicht mehr suchen; sie sind nicht mehr wandlungsfähig. Nichts ist Jesus mehr zuwider als fromme Schauspieler; sie ekeln ihn an. Sie betrachten Gott als Lebensversicherung und nicht als Lebensherausforderung. Wer seine Schattenseiten nicht annimmt, sagt Jesus mit diesem Beispiel, verfehlt seinen Lebensauftrag, er ist keine Persönlichkeit, sondern ein Massenmensch: ich-schwach, kritikunfähig, selbstgefällig und selbstgerecht.

Weil solche Menschen ihre eigenen Schwachstellen, ihren Schatten, ihren bösen Geist nicht wahrhaben wollen und verdrängen, projizieren sie ihn aggressiv auf Jesus: »Du bist von einem bösen Geist besessen.« Das ist alltägliche Feindbildprojektion als seelische Krankheit Nummer eins – im Privatleben so verbreitet wie in der Politik, damals und heute. Das Nichtanerkennen des Schattens und die damit verbundene Schattenprojektion verhindern Wachstum und Reife, Umkehr und Wandlung. Deshalb sind die meisten Menschen heute neurotisch, natürlich ohne es zu wissen. Die Folgen sind: Krieg und massenhafte Ehescheidungen, Kriminalität und massenhafte Abtreibung. Generationen von Christen rümpften die Nase über den Pharisäer von damals. Doch er repräsentiert den Typ des Spießbürgers oder »anständigen Bürgers« aller Zeiten. Der Pharisäer ist der Spießer in uns. Und diesem Spießer in uns sagt Jesus gegen alle vorherrschende faule Kompromißlerei:

- Du kannst nicht sagen »Reinheit des Herzens« und zugleich dein Rückgrat verkrümmen.
- Du kannst keinen »Gott der Toten« anbeten, wenn du wirklich leben willst.
- Du kannst nicht in Wahrheit Gott anbeten, wenn du in Wirklichkeit nur an deine Wirkung auf andere denkst.

Im Zweifel ist für Jesus die Moral der »Heiden« ehrlicher als das moralisierende Gottesgerede der »Frommen«. Kardinal Ratzinger hat in einem Vortrag gesagt, der »Verfall der Moral« sei schlimmer als die atomaren Interkontinentalraketen. Ein typischer Fall dafür, daß jemand moralische Verantwortung nicht mehr wahrnimmt. So werden Theologen im Namen der »Moral« zu gefährlichen, weil gleichgültigen

Komplizen schlimmster Todesmaschinen. Keine seelische Verbiegung und Verdrängung ist so schlimm wie die im Namen Gottes. In einem Jahrhundert, in dem Kirchenvertreter sogar die Atomwaffe von Hiroshima und Nagasaki »gesegnet« haben, ist Ratzingers gotteslästerliche Aussage leider nicht die Ausnahme.

Das Problem der meisten Theologen und Philosophen ist, daß sie zu wissen meinen, was für andere gut oder schlecht ist. Wie oft verstoßen wir gegen ein Gebot, fallen auf die Nase, meinen etwas »Böses« getan zu haben und merken erst später: Das war genau richtig, das war hilfreich, das war notwendig, nur durch diesen Fehler habe ich etwas gelernt. Jede Lebenskrise ist die beste Therapie, solange wir sie annehmen und zu lernen bereit sind. In den vielen beruflichen Auseinandersetzungen, die ich in den letzten Jahren hatte, ist mir das Lebensprinzip: »Wir lernen nur durch Leiderfahrung« schmerzhaft bewußt geworden.

Jesus ging seine theologischen Gegner kämpferisch und frontal an. Er heilte am Sabbat; das war gegen die herrschende Gesetzesreligion. Die Pharisäer wollten ihn deshalb anklagen. Da fragte er sie:

»Was darf man nach dem Gesetz am Sabbat tun? Gutes oder Böses? Darf man einem Menschen das Leben retten, oder muß man ihn umkommen lassen?« Er bekam keine Antwort... Da verließen die Pharisäer die Synagoge. Sie trafen sich sogleich mit den Parteigängern des Herodes, und sie wurden sich einig, daß Jesus sterben müsse. (Mk 3,4–6)

Jesus handelt gegen das Gesetz – aber er folgt dem Impuls seines Herzens. Die Pharisäer sind – ganz fromm und gesetzestreu – gegen die Heilung eines Menschen am Sabbat, aber beraten am selben heiligen Sabbat über einen Mord! So sehr hatten die Frommen Angst um ihr patriarchalisches Gottesbild, das ihnen ein Laienprediger mit einer seiner kinderleichten Fragen und seiner »unwiderlegbaren Kindertheologie« (Karl Herbst) zu rauben drohte. Pharisäer der obersten Glaubensbehörde, die von Jerusalem nach Galiläa gekommen waren, um Jesus zu überprüfen, kamen zu dem Schluß: Er ist vom Teufel besessen! Ihr Prüfgerät war »das Gesetz«, das sie für Gottes Wort hielten. Jesu Prüfgerät für Gottes Willen ist das Herz.

Die Frage nach dem historischen Jesus meint nicht die vielleicht wahren Theologen-Meinungen des ersten oder 20. Jahrhunderts, sondern die wirklichen Worte und Taten Jesu, wie ich sie am überzeugendsten geschildert in Karl Herbsts Buch »Der wirkliche Jesus« gefunden habe. Danach gibt es für Jesus-Sucher heute drei Möglichkeiten:

– Was im Neuen Testament steht, ist jesusgemäß. Das werden wir annehmen.
– Es ist nicht von Jesus, aber es paßt zu ihm. Das nehmen wir auch an.
– Es ist nicht von Jesus, paßt nicht zu ihm und widerspricht dem historischen Jesus. Das streichen wir.

Nach gewissenhafter, lebenslanger Arbeit bleibt bei dem tiefgläubigen Karl Herbst vom historischen Jesus soviel übrig, daß er überraschende und befreiende Antworten auf die Fragen findet: Wer war Jesus? Was wollte Jesus? Was tat Jesus? Welchen Gott fand Jesus? Durch die jahrzehntelange Spurensuche Karl Herbsts verstehe ich die Widersprüche in den Evangelien heute besser und weiß, warum zum Beispiel Matthäus den Taufbericht von Markus »verbessert«, Lukas ihn in einem Nebensatz erwähnt und Johannes ihn ganz streicht. Dabei war der Augenblick, als Jesus bei seiner Taufe den Himmel »offen sah« und die Stimme Gottes »hörte«, die entscheidende Sekunde der bisherigen Weltgeschichte.

Sein Gotteserlebnis

Jesu Taufe ist kein Mythos, sondern eine Tatsache: »Es geschah« (Mk 1,9), daß Jesus von Johannes getauft wurde. Hier geht es um den wirklichen Jesus. Wer sich bewußt taufen läßt, kann sich selbst nicht für Gott halten. Jesu Taufe beweist, daß er ein bescheidener Gottsucher war. »Ich bin der Weg«, nicht das Ziel. Christen wollen diese Tatsache bis heute nicht gelten lassen. Ich möchte mich mit Karl Herbst an die Fakten halten: »Es gibt für einen Menschen keinen höheren Würdetitel als ›bescheidener Gottsucher‹, und der bescheidenste von allen wäre der vertrauenswürdigste Wegführer zu Gott.« Die Unterstellung, selbst Gott zu sein, wies Jesus entrüstet von sich: »Warum nennst du mich gut? Nur einer ist gut, Gott.« (Mk 10,18)

Personenkult ist das letzte, was zum »Menschensohn« Jesus paßt. Was im Neuen Testament »Menschensohn« heißt, bedeutet in der aramäischen Umgangssprache Jesu nichts anders als »einfacher Mensch« oder einfach »Mensch«. Dies paßt zu Jesus. Warum so unsinnige, den Menschenverstand beleidigende theologische Konstruktionen? Er wird jedesmal zornig, wenn er wie ein Gott verehrt wird.

Über die Frage, ob Jesus »Menschensohn« oder »Gottessohn« oder Gott war, haben Christen sich gegenseitig totgeschlagen – und heute noch werden mit den unglaublichsten theologischen Verrenkungen Millionen Kinder im Religionsunterricht mit unsinnigen Theorien und Meinungen über Jesus gequält und gelangweilt.

Jesus war »Menschensohn«, weil er der Sohn von Maria und Josef war. Er war »Gottessohn«, weil er sich als Kind seines himmlischen Vaters verstand. Er war »Gottessohn«, so wie Sie, liebe Leserin, Gottes Tochter, und Sie, lieber Leser, Gottes Sohn sind. Jesus sagt es hundertfach: Ihr seid Kinder Gottes, vertraut eurem Vater! Amen! Jesus, »Menschensohn« und »Gottessohn«, ist unser Bruder, einem Gott können Menschen niemals nachfolgen, ohne sich selbst zu Halbgöttern zu machen. Leider wurde schon im »Neuen Testament« aus dem Bruder Jesus der »Herr Jesus« gemacht. Jesus war *soviel* aus sich selbst, daß er bis in alle Ewigkeit die Titel und Orden, welche die Kirche ihm verliehen hat, nicht braucht. Und uns verstellen sie den Blick auf seine menschliche Größe und Würde. Etwa achtzigmal bezeichnet sich Jesus im Neuen Testament als »Menschensohn« (aramäisch:

Barnascha). Aber seine Schüler und die Evangelisten – außer Markus – scheuen sich, ihn mit diesem einfachen Namen anzusprechen. Sie nennen ihn im selben Neuen Testament über dreihundertmal »Gottessohn« oder »Messias«. Jesus ist oft verzweifelt über soviel Unvermögen, ihn wirklich zu verstehen. Solange wir Menschen autoritätsfixiert sind, bleiben wir titelsüchtig, sind wir immer auf der Suche nach höchsten Würdenträgern anstatt nach uns selbst. Jesus selbst nennt sich nach allen Erkenntnissen der modernen Bibelforschung nirgendwo eindeutig und unstrittig »Christus« oder »Messias«.

Richtig ist, daß Jesu Jünger nicht über ihren Schatten, ihr jüdisches Umfeld, springen konnten. Wir sollten das heute aber endlich tun. Sonst bleibt die Nachfolge so unmöglich wie bisher. Denn bisher sind wir allenfalls einem Phantom nachgefolgt und nicht dem wirklichen Jesus. Die Ergebnisse waren entsprechend. Das ist auch der wahre Grund für die Rückwärtsgewandtheit der Kirchen. Deshalb versäumen sie die Zukunft und verschlafen die Gegenwart. Im Markus-Evangelium gibt es, wie gesagt, keinen Beweis dafür, daß sich Jesus selbst als Messias oder Christus bezeichnet hat, aber viele Berichte darüber, daß er jeden Titel ablehnte.

Jesus war *der* Mensch, wie Gott ihn sich vorstellt, *der* exemplarische Mensch, *das* Vorbild, *die* Chance für beglükkende Nachfolge. *Der* Menschensohn heißt: der erste Repräsentant in Gottes neuer Welt. An ihm können und sollen sich neue Menschen, Frauen und Männer, orientieren. Er war nicht Gott, aber die Versuchung, Gott gleich sein zu wollen, kannte er auch. Es ist die ewig aktuelle Versuchung, herrschen zu wollen über andere und alles machen zu wollen, was man machen kann. Eindrucksvoll beschreibt Matthäus die Versuchungsgeschichte, in der der Teufel Jesus »alle Reiche der Welt in ihrer Größe und Schönheit« anbietet. Jesu eindeutige Antwort: »Weg mit dir, Satan!«

Der Menschenkenner und Menschenführer Jesus hatte alle Anlagen zu einem charismatischen Politiker, zu einem Messias, zu einer politischen Heilsfigur. Doch der erste neue Mann der Weltgeschichte entschied sich anders als alle herausragenden Männer vor ihm: Souverän setzte er auf das Reich Gottes in dieser Welt und nicht auf Geld und Macht und äußere Karriere als Maßstab in dieser Welt. Das Reich Gottes beschreibt er nicht mit Bildern aus der Politik, sondern aus der Natur; er wählt »frauennahe Symbole: die wachsende Saat, den fruchttragenden Baum, den lebenspendenden Weinstock«. (Anton Mayer) Matthäus zum Abschluß und als Ergebnis der Versuchungsgeschichte Jesu: »Da ließ der Teufel von Jesus ab, und Engel kamen und versorgten ihn.«

Jesus hat *keiner* weltlichen Autorität, keinem Gesetz, keinem Politiker, keinem Theologen, sondern seiner *inneren* Stimme, seinem Vater vertraut.

Und diesen wirklichen Jesus finden wir noch im Markus-Evangelium. Später – schon in den folgenden Evangelien – wurde er vergötzt. Als Johannes Müller, der Begründer von Schloß Elmau, diesen Jesus erkannt hatte, verließ er die Gelehrten-Theologie. Den Vater dieses »einfachen, natürlichen, ursprünglichen Jesus« fand er in der Natur und in jeder Menschenseele – genau dort, wo ihn Jesus auch gefunden hatte. Ähnlich wie Johannes Müller beantwortet Eugen Drewermann heute die Frage nach dem Leben Jesu: »Man wird nicht anders sagen können, als daß er ein Mensch war, der von einer zentralen Erfahrung und Wirklichkeit lebte und getragen wurde. Wir nennen jene Wirklichkeit Gott, und wir meinen damit einen absoluten, nur sich selbst erklärenden, allmächtigen und gütigen Willen hinter allem, was existiert. Ohne diese Wirklichkeit wären wir wie Blätter im Wind, wie Spuren vor dem Sturm, wie Schneeflocken in der Nacht, wie Schaumblasen im Strom.«

Diesen Gott, diesen absoluten Grund und Halt unseres Seins, hat Jesus bei seiner Taufe »gehört« und »gesehen«. Seine Taufe ist die Quelle des Jesus-Verständnisses. Beim Auftauchen aus dem Wasser spürte Jesus, wie der Geist Gottes, der Atem Gottes, sich in ihn hineinsenkte, und »hörte« die Stimme Gottes sagen: »Du bist mein Sohn, mein Geliebter.« (Mk 1,11) Danach war alles anders bei ihm. Johannes hatte noch mit dem alttestamentlichen Richtergott den Leuten Angst gemacht. Jesus aber hat den Gott der Liebe und des Erbarmens »gesehen« und »gehört«. Johannes: »Kehrt um und tut Buße!« Jesus: »Kehrt um und vertraut!« Jesus trennte sich von Johannes und ging seinen eigenen Weg. Was Jesus bei seiner Taufe hörte und sah, wurde zur wichtigsten Erfahrung in seinem Leben. Zu unserem Glück hat er diese Erfahrung an uns weitergegeben: Wir sind von Gott angenommen, versöhnt, geliebt.

Sofort nach der Taufe trieb ihn der »Atem« Gottes in die Wüste, hier widerstand er schwierigsten inneren Versuchungen, die ihn von seinem Vater wieder trennen wollten, danach lehrte er »mit Vollmacht« und ging konsequent seinen Weg – bis zum Kreuz und zur Auferstehung.

Ohne Atem kein Leben. Atem ist Leben. Das Tauferlebnis hat Jesus zu neuem Leben entzündet. Nach seiner Gottes-Erfahrung war er nicht mehr derselbe! Jetzt wußte er genau, was er wollte. Jetzt war er der Beauftragte Gottes!

»Geliebter« hatte sein Vater zu ihm gesagt. Geliebte verspüren eine unheimliche Kraft. Nur Geliebte meinen, »die Welt aus den Angeln heben« zu können. Jesus war wie neugeboren – und mit ihm ein neues Gottesbild und ein neues Menschenbild für die ganze Menschheit. Aus dem strengen Richtergott des Alten Testaments war ein liebender Vater geworden – ein Vater mit mütterlichen Eigenschaften. Es muß Jesus so ähnlich ergangen sein wie einem Neugeborenen. Es fühlt sich an der Brust seiner Mutter und auf dem Arm seines Vaters – wortlos – geliebt und angenommen. Neugeborene können es nicht verstehen, aber sie spüren es: »Ich bin geliebt.« Wir wissen heute, wie wichtig der Hautkontakt mit den Eltern in den ersten Augenblicken nach der Geburt für das ganze Leben eines Menschen ist, für das Entstehen von Vertrauen als Basis einer glücklichen Entwicklung. Unsere jüngste Tochter Caren Maria war noch keine zwei Sekunden geboren, da hatte sie schon meinen Daumen geschnappt, als hätte sie darauf gewartet. Der Hautkontakt von Anfang an tat unserem Verhältnis sehr gut. In diesem Augenblick, unmittelbar nach der Geburt, wurde der Samen des Urvertrauens gesät. Auch in mir fand eine unbeschreibliche »Wandlung« statt. (Väter, laßt euch von niemandem das Erlebnis einer Geburt nehmen!) Der »Hautkontakt« zwischen Jesus und seinem Vater, der Atem Gottes, dieses Gottes-Erlebnis, hat Jesus verwandelt.

Auf Michelangelos berühmtem Bild von der Erschaffung des Menschen durch Gott bleibt zwischen der ausgestreckten Hand Gottes und der Hand Adams ein kleiner Abstand. Das Einmalige und Einzigartige bei Jesus: Dieser »kleine« Abstand zu Gott ist weg. Er hat – in seinem Tauferlebnis erstmals – den Finger Gottes berührt. Die beiden hatten »Hautkontakt«. Und Gottes Liebes-Energie floß durch Jesus. Dabei ist Unbeschreibliches passiert wie bei einem geliebten Neugeborenen. Wir können es nur ahnen durch Jesu Worte und Taten, mit denen er diese Gottes-Energie weitergab. Sie wirkt auch heute bei uns, falls wir »Hautkontakt« zu Gott suchen.

Karl Herbst beschreibt den Gott, den Jesus bei der Taufe erlebt hat, als einen »mütterlichen Vater«, einen Vater mit mütterlichen Eigenschaften. Jesus empfand ihn so. Der Mann Jesus mit den weiblichen Eigenschaften hat bei seiner Taufe einen Vater-Gott mit weiblichen Eigenschaften kennengelernt. Deshalb nenne ich Jesu Taufe *die* entscheidende Sekunde der Weltgeschichte. Die Welt ist noch nicht erneuert, aber sie kann durch das neue Gottesbild Jesu und durch den neuen Mann Jesus neu werden. Das liegt an uns. Jesus, der sich am Jordan noch wie viele traditionsorientierte Juden von Johannes taufen ließ, war durch die Liebeserklärung Gottes ein neuer Mensch geworden. Gott ist kein strenger Patriarch und kein »Es« mehr, sondern »Unser Vater«. Diese Erkenntnis und das daraus fließende Urvertrauen verändern jedes Leben total. Urvertrauen bewirkt Selbstbewußtsein. Nur Menschen mit Urvertrauen werden lernen, selbstbewußt »Ich bin« zu sagen. Auf dem Höhepunkt einer beruflichen Krise ging ich 14 Tage in ein buddhistisches Kloster in Tibet. Dort hat mir im Traum eine Stimme gesagt: »Ich nehme Anteil an deinem Problem.« Ich habe diese Stimme als Stimme Gottes empfunden. Dieses Urvertrauen stabilisierte mein Selbstvertrauen und gab mir viel Kraft. Jesus fordert auf, dem guten Schöpfer-Gott unbedingt zu vertrauen: Sein Wirken kann jeder sehen, und seine Stimme kann jeder im eigenen Gewissen hören. Es geht nicht um eine neue Theorie über Gott, sondern um die Wirklichkeit Gottes.

Hat Jesus Wunder gewirkt?

> Einige Pharisäer kamen zu Jesus und fingen an, mit ihm zu diskutieren. Weil sie ihn auf die Probe stellen wollten, verlangten sie von ihm ein Zeichen vom Himmel als Beweis dafür, daß er wirklich von Gott beauftragt sei: Jesus stieß einen Seufzer aus und sagte: Wieso verlangen diese Leute einen Beweis? Ich sage euch: diese Generation bekommt nie und nimmer einen Beweis. Damit ließ er sie stehen, stieg wieder ins Boot und fuhr ans andere Seeufer. (Mk 8,11–13)

Jesus hat keine schöpfungswidrigen Wunder gewirkt. Wenn er mit Hilfe Gottes gezaubert hätte, dann hätten ihm die Theologen geglaubt – vielleicht. Doch Wunder, wie sie dort erwartet werden, sind nicht jesusgemäß. Diese Theologen erwarten einen zaubernden Gott, damit ihr Katechismus stimmt. Jesus läßt sie stehen. Sein Vater handelt nicht gegen seine eigene Schöpfung. Alle »Wunder«, die Jesus bewirkte, alle Heilungen, entsprangen einem tiefen Gottvertrauen des Heilers und der zu Heilenden. Auch wenn wir Gott ernsthaft um Hilfe bitten, geschehen natürlich keine Wunder. Gott schwingt keinen Zauberstab. Aber wer betet und bittet, erlebt es immer wieder: Von Gott her fließen Kraftströme, die in uns Kräfte mobilisieren. So entsteht oft unerwartet Neues. Das ist kein Trick, sondern das Naturgesetz des heilenden Vertrauens, für das Jesus nicht müde wird zu werben. Doch dieses Naturgesetz begreift nur, wer es erfährt:

> »Wer Gott *vertraut*, dem ist *alles* möglich.« (Mk 9,23)

Jeder von uns hatte schon Erlebnisse, die ihm rätselhaft, »zufällig« und ungewöhnlich schienen. Bescheiden müssen wir anerkennen, daß wir oft den Sinn von »Zufällen« oder »Unfällen« nicht oder nicht sofort verstehen. Aber es handelt sich immer um schöpfungsgemäße »Zufälle« und nicht um schöpfungswidrige Wundereingriffe. Es gibt Natur- und Geist-Gesetze, die wir nicht oder noch nicht kennen. Jesu Vater ist ein liebender Schöpfer und kein böser Zauberer. Hier ist die eindeutige Entscheidung jedes ernsthaften Gottsuchers gefordert. Ich entscheide mich für den »Abba« Jesu und gegen einen theologisch überhöhten Wunder-Gott.

Es ist nicht wichtig, was Theologen von Jesus und von Gott gedacht oder geglaubt haben. Wichtig ist, was der wirkliche Jesus von Gott erfahren hat. Wenn die Psychotherapie des 20. Jahrhunderts vor allem durch Freud und Jung die Gesetze der Seele entdeckt und Wege zu ihrer Heilung gefunden hat, dann wandelt sie auf Jesu Spuren. Er hat 2000 Jahre vorher die Innenseite des Menschen erschlossen und ist in die Höhlen der Seele hinuntergestiegen. »Dies ist der Grund, warum die Stufen und Methoden des psychotherapeutischen Heilungswegs auf geradezu verblüffende Weise den Vorgängen bei den Wunderheilungen Jesu ähnlich sind«, schreibt der Jesus-Kenner Alfons Rosenberg und fügt hinzu: »Und doch ist dies nur eine Facette des Diamanten Jesus.«

Wie bei jeder wirklichen Therapie müssen für Jesu Heilungen drei Voraussetzungen gegeben sein:

– Die Kranken müssen zu ihm kommen.
– Die Kranken müssen gesund werden wollen.
– Der Heiler muß selbst heil sein.

Kein Therapeut kann über sich hinaustherapieren. Er kann nur die Heilkräfte im Kranken mobilisieren, die er selbst hat. Hanna Wolff hat diese psychosomatischen Heilprozesse in ihrem Buch »Jesus als Psychotherapeut« eindrucksvoll aufgezeigt. Die »Rätsel« seiner »Wunder« hat Jesus selbst überzeugend gelöst: »Dein Glaube hat dir geholfen«, das heißt, dein Gottvertrauen und dein eigner Heilungswille. »Willst du gesund werden?« war die entscheidende Vorfrage jeder Heilung.

Entgegen weitverbreiteten oberflächlichen Therapieangeboten mit billigen Versprechungen ist meine Erfahrung: Ohne wirklichen Willen zur Wandlung passiert gar nichts. Der Wille entscheidet – alles andere ist Selbstbetrug und Geldmacherei mit der seelischen Not vieler Menschen. Aber woran erkenne ich, ob mein Wille echt oder nur scheinbar echt ist? Nur im Tun. »Eigentlich« wollen wir uns ja ständig ändern. »Eigentlich« wollen wir lernen, treu zu sein. »Eigentlich« wollen wir uns das Rauchen abgewöhnen. »Eigentlich« wollen wir uns vollwertig ernähren. »Eigentlich« wollen wir ja abrüsten, »aber die Sowjets zwingen uns immer wieder aufzurüsten«, schrieben mir etwa 30 CDU/CSU-Bundestagsabgeordnete auf mein Buch »Frieden ist möglich«. Wer etwas *wirklich* will, muß es *tun*. Wer nur »eigentlich« will, bewirkt nichts. Allein im Tun beginnt die Heilung. Jesus sagt zur Ehebrecherin kein Wort der Verurteilung, aber er sagt sehr deutlich und deshalb heilsam: »Tu es nicht wieder!« Die Frau hat »es« nie wieder getan.

Diese echte Therapie lernte ich in der harten Schule des Therapeuten Jesus. Was wir im 20. Jahrhundert mühsam mit Hilfe der Tiefenpsychologie gelernt haben, »vermochte Jesus kraft seiner selbst. Eine solche Persönlichkeit war er, das ist die historische Tatsache, die vor uns steht.« (Hanna Wolff) Jesus kuriert nie an Symptomen – es geht ihm immer um grundsätzliche Wandlung. Die Kranken und Gekränkten seiner Zeit drängen sich um ihn, rennen ihm nach, schreien ihn an: »Hab Erbarmen, hilf uns.« Jesus: Das hängt in erster Linie von dir selbst ab! Vertrauen und Selbstvertrauen sind die Voraussetzung jeder wirklichen Heilung.

Mit großer Bestimmtheit und in eindeutiger Klarheit hat Jesus die bis heute nicht verstummende Frage: Wie sind solche Heilungen möglich? beantwortet: »Wer Gott vertraut, dem ist alles möglich.« Es ist ganz natürlich, daß im Abstand von Jahrzehnten, als dann die Evangelien-Texte geschrieben wurden, manche Heilungsgeschichte des so außergewöhnlichen Heilers Jesus übertrieben oder auch »verbessert« dargestellt wurde. In Jesus wurde viel hineinprojiziert, was eine Menge über die Redakteure der Texte besagt, aber nichts über Jesus. So hat Jesus keinen Leichnam auferwecken können oder wollen. Was ihm gelungen ist, war dramatischer: die Erweckung der Herzen.

Der im Vertrauen auf seinen Vater heilende Jesus begegnet uns im Markus-Evangelium noch am eindrucksvollsten. Dieses älteste Evangelium ist allerdings auch erst etwa 25 Jahre nach Jesu Kreuzigung geschrieben und deshalb ebenfalls nicht frei von theologischer Spekulation und Überfrachtung. Das gilt aber noch weit mehr für die späteren Evangelien. Den historischen Jesus treffen wir also noch recht genau bei Markus.

Es ist immer wieder erschütternd zu sehen, was Theologen aus Jesus gemacht haben. Ein Beispiel: Im Markus-Evangelium sagt Jesus: »Wer nicht gegen uns ist, der ist für uns.« (Mk 9,40) Dieser Satz paßt zu Jesus, der nicht ausschließen, sondern integrieren wollte. Aber schon 20–25 Jahre später stellt der Autor des Matthäus-Evangeliums Jesus von den Füßen auf den Kopf und verfälscht ihn: »Wer nicht für mich ist, der ist gegen mich.« (Mt 12,30) Dieser Satz paßt überhaupt nicht zu Jesus. Aber die Kirche hat diesen nicht jesusgemäßen Satz im Laufe ihrer 2000jährigen Geschichte weit mehr betont als die jesuanische Position bei Markus und damit auch schlimmste, unchristliche Verbrechen gerechtfertigt. Gerade weil Jesus nicht beide Positionen, die sich gegenseitig ausschließen, vertreten haben kann, ist die Unterscheidung der Geister so wichtig.

Die ursprüngliche Wirkung Jesu auf seine Mitmenschen war so: »Als die Menschen Jesus sahen, gerieten sie in Aufregung; sie eilten zu ihm hin und begrüßten ihn.« (Mk 9,15) Mir geht es genauso wie den Menschen damals, wenn ich auf den Spuren von Karl Herbst den Jesus des Markus-Evangeliums treffe. Beim Morgengebet mit Nonnen in einem Kloster fiel mir das ganz andere Verständnis des Wortes »Wunder« auf. Die Nonnen beteten nicht: »Laß heute Wunder geschehen.« Sie beteten vielmehr im Geiste Jesu: »Laß uns die Wunder, die heute geschehen, auch *sehen*.« Jesus kannte die Heilkräfte der Seele, die Heilkräfte in uns. Durch Vertrauen zu Gott werden sie mobilisiert. Jesus kannte aber auch die Gesetze der Natur. Seine Gleichnisse vom Sämann und vom Samen, vom Senfkorn und vom starken Baum zeigen, daß er die alltäglichen, stillen »Wunder« der Natur beobachtete und meditierte. Der »Samen« und das »Wunder« haben bei Jesus enorme Lebenskraft. Darum geht es: Daß wir die Sinne schärfen für die alltäglichen Wunder in uns und um uns. Wir erleben sie – wie Jesus – nur über das Herz.

Den Kopf-Menschen sei gesagt: Die »richtige Einstellung« des Herzens ist nicht gegen den Kopf gerichtet. Im Gegenteil: Das Herz macht den Kopf wieder frei. Was den Kopf am meisten belastet, ist ein versteinertes Herz. Die Hauptursache aller menschlichen Krankheiten ist das durch falsches Denken verdorbene menschliche Herz.

Jesus propagiert keinen blind-frommen Glauben, sondern einen mit Herz *und* Verstand.

Starb er am Kreuz?

Eine bis heute wundergläubige Theologie und Verkündigung erklärt Jesus am Kreuz für tot; verwandelt seine Leiche anschließend in ein Gespenst, das sich je nach Bedarf sichtbar oder unsichtbar machen und schließlich in die Wolken aufschweben kann. Eine Zumutung für jeden denkenden Menschen. Welch primitives Jesus- und welch primitives Gottesbild. »Ja, glauben Sie denn nicht, daß Gott so etwas kann?« werde ich an dieser Stelle der Diskussion immer wieder gefragt. Die Frage ist doch nicht, was *ich* von Gott glaube oder was *ich* nicht glaube. Entscheidend ist, daß der liebende Vater des Jesus von Nazaret so primitiven Hokuspokus nicht nötig hat. Er wirkt nicht *gegen* seine Schöpfung, sondern *in* seiner Schöpfung. Daß Gott eine Leiche aufrichtet, ist gottwidrig; daß Jesus durch die Kraft seines Gottvertrauens Kranke und Schwache aufrichtet, ist gottgemäß. Frömmigkeit, die den Verstand einschläfert, sollte sich wenigstens nicht auf Jesus berufen. Gott hat uns den Verstand gegeben, damit wir ihn benutzen.

Bei Markus, der dem historischen Jesus am nächsten kommt, steht es im griechischen Urtext ganz anders: Jesus »stirbt« nicht am Kreuz, sondern »haucht seinen Geist aus« (ekpneuein), das heißt, er übergibt sich vertrauensvoll und voll bewußt in die Hände seines Vaters. »Vater, in deine Hände übergebe ich meinen Lebensatem. Das sagend hauchte er aus«, heißt es auch bei Lukas ganz jesusgemäß. Und wiederum wörtlich übersetzt heißt es in der Apostelgeschichte (2,22–36): »Ihr habt ihn durch die Hand von Gesetzlosen angeheftet und hochgehievt (= gekreuzigt). Aber Gott hat ihn wieder aufstehen lassen, indem er die Wehen des Todes löste. Er gab ihn nicht preis in den Hades hinein, und sein Fleisch schaute nicht die Verwesung.« Also: Er wurde nicht getötet. Er erlitt nicht die Verwesung heißt: nicht den endgültigen Tod. Er war bewußtlos.

Einflußreiche Juden um den Jesus-Freund Joseph von Arimathäa versorgen den verwundeten und ohnmächtigen Jesus, der dann nach zwei Tagen wieder aufwacht (egerthe heißt: Er ist aufgewacht!). Nachdem er körperlich wiederhergestellt war, ging Jesus nach Galiläa, wo er seine Leute wiedertraf und mit ihnen aß. Als Gespenst hätte er das kaum können.

Und die »Himmelfahrt« Jesu? Lukas schreibt, übersetzt aus dem griechischen Urtext: »Indem er sie segnete, entfernte er sich von ihnen.« Di-istamai heißt nicht »hinaufschweben«, sondern »sich entfernen«. Die Frage, wohin Jesus ging, ist nicht oder noch nicht zu beantworten. Wichtig zu wissen ist, daß er geistig, mit seiner Kraft, mit seiner inneren Dynamik (der Begriff »dynamis« wird von Jesus in den Evangelien 28mal verwendet) bei seinen Freunden blieb und bis heute bleibt. Um dies zu erleben, muß man ihm die Tür seines Herzens öffnen.

Wem dies alles »zu einfach« und »zu unglaublich« klingt,

lese die überzeugenden Einzelheiten bei Karl Herbst nach. Sie werden dabei, liebe Leserin und lieber Leser, einen neuen Zugang zum Karfreitags- und Ostergeschehen finden, das vereinbar ist mit Herz *und* Verstand. Genau für *diese* Vereinbarkeit und Ganzheitlichkeit hat der neue Mann Jesus ja geworben. Jesus-Freunde sollten denken und fühlen wie ihr Meister selbst: nüchtern, logisch einfach und nicht theologisch kompliziert.

Seine dreifache Evolution

Jesu Wert-Evolution ist die eigentliche Welt-»Revolution«. Revolution ist immer Umsturz und Rückschritt. Evolution hingegen ist Entwicklung, Entfaltung, Bewegung, Fortschritt. Jesus brachte eine dreifache Evolution:

– *Die Evolution des Gottesbildes.* Das Gottesbild des Alten Testaments schwankt stets zwischen einem Liebesgott und einem Rachegott hin und her. Hanna Wolff hat überzeugend nachgewiesen, wie krankmachend dieses auch heute noch in der christlichen Kirche weitverbreitete schizophrene Gottesbild ist. Mit diesem Gottesbild des Alten Testaments räumte Jesus radikal auf, indem er in Gott den »Abba« – wörtlich mit der zärtlichsten und intimsten Vater-Form »Papi« übersetzt – erkannte.

– *Die Evolution des Menschenbildes.* Jesus wußte, daß ein neues Gottesbild die Voraussetzung für ein neues Menschenbild wird. Nur wer angstfrei gegenüber Gott lebt, kann angstfrei gegenüber Menschen werden. Jesu Traum von der Menschwerdung des Menschen ist begründet in seinem neuen Gottesbild. Erst der neue Gott ermöglicht den neuen Menschen.

– *Die Evolution von unten.* Nur durch Gottesliebe und Menschenliebe geheilte Menschen können auch wirklich heilsam werden für andere, für die Gesellschaft. Jesus ist nicht im engen politischen Sinn ein Revolutionär – er ist viel mehr. Im Gegensatz zu den Vätern der französischen, russischen oder chinesischen Revolution ist Jesus ein Evolutionär von unten, ein Evolutionär des Bewußtseins, ein Evolutionär der Liebe. Alle in unserem Gedächtnis haftenden Revolutionen waren Revolutionen der Gewalt und deshalb nur beschränkt wirksam; Jesus meinte eine Evolution der Gewaltfreiheit, eine Evolution des Herzens, eine Evolution der Liebe. Seine Evolution steht jetzt auf der Tagesordnung der Weltgeschichte. Wir haben im Zeitalter gentechnologischer Manipulationsmöglichkeiten, im Zeitalter der Umweltkatastrophen und des atomaren Wahnsinns keine andere Wahl. Das Verständnis für Jesu Programm ist ein qualitativer Sprung auf dem Weg zu einem höheren menschlichen Bewußtsein.

Mit dieser letztmöglichen Konsequenz setzt Jesus im Gegensatz zu Revolutionären nicht Häuser in Brand, sondern Menschenherzen. Mit der »Umkehr der Herzen« meinte Jesus mehr als »Neues Denken«. Mit »Herz« ist bei Jesus ähnlich wie im chinesischen »I Ging« oder in der modernen Tiefenpsychologie »das Unbewußte« gemeint, jene tiefe Schicht in uns, in der die eigentlichen Widerstände gegen *alles* Neue, gegen Umkehr, gegen neues Denken, neues Fühlen, neues Empfinden sitzen.

Seine Bergpredigt ist der Beweis dafür, daß das Machtwort eines Machtlosen wirksamer sein kann als die machtvollen Worte der Mächtigen. Die Bergpredigt hat noch nicht die Welt verändert, aber sie bewegt Millionen Herzen. Sie ist *die* Hilfe für eine neue Welt!

Drittes Kapitel:
Jesus und die Frauen

>»Habt ihr nicht gelesen, was in der Heiligen Schrift steht? Dort heißt es, daß Gott am Anfang den Menschen als Mann und Frau geschaffen hat.«
>
>Jesus (Mt 19,4)

Den Menschen »als Mann und Frau geschaffen« heißt in der Sprache der Tiefenpsychologie: Menschsein ist eine Synthese des weiblichen und männlichen Prinzips in der Seele eines jeden Menschen.

Anfang 1989 haben 163 deutsche Theologie-Professoren den Papst heftig kritisiert. Anlaß ihrer Kritik war die Wahl eines bestimmten Mannes, Kardinal Meissner, zum Bischof von Köln. Der Papst hatte, um seinen Lieblingskandidaten durchzusetzen, einfach die Wahlordnung geändert – mitten im Wahlverfahren. Nach allen Regeln des Anstands und des Rechts war diese Wahl natürlich keine Wahl, sondern eine autoritäre Frechheit. Der Protest gegen den »Hirten« – selbst unter lammfrommen Katholiken – war berechtigt. Aber wo blieb und bleibt der Protest dagegen, daß Frauen bei einer solchen Wahl überhaupt keine Chance haben? Die Männer-Argumente gegen Frauen in Kirchenämtern sind nicht mehr nur unchristlich und gegen die göttliche Ordnung, sondern einfach noch lächerlich und peinlich. Was bedeutet schon die manipulierte Wahl *eines* Mannes gegen die jahrhundertelange Diskriminierung *aller* Frauen in den Kirchen? Und gegen *diesen* fortwährenden Skandal haben noch nie 163 deutsche Theologie-Professoren protestiert. Ich kann meine Frau und meine 17jährige Tochter und viele Kolleginnen in ihrer Haltung: »Was soll ich eigentlich in *dieser* Kirche?« nicht nur verstehen, ich muß sie auch bestärken.

Jesus hat Frauen nicht diskriminiert und hat Männer zurechtgewiesen, wenn sie dies tun wollten – vor 2000 Jahren, als das Patriarchat noch ungebrochen, brutal und unbarmherzig war. Nicht Männerkirchen haben Zukunft, sondern nur geschwisterliche Kirchen, die sich an der Geschwisterlichkeit der Urkirchen und am Beispiel Jesu in der Zusammenarbeit mit Frauen orientieren. Wie albern und inhuman Männer auch heute noch auf Frauen in den Kirchen reagieren, bewies wiederum Johannes Paul II. nach der Wahl von Barbara Harris zur ersten anglikanischen Bischöfin. Der Papst gab sich »schwer getroffen«, weil »mein Bruder Robert Runcie«, der Primas der anglikanischen Kirche, nicht alles getan habe, um »diese Wahl« zu verhindern. Der Papst selbst treibt die Frauen aus den Kirchen, wenn er ihnen Menschenwürde und Christenrechte abspricht.

Das zweite Vatikanische Konzil hat »jede Form der Diskriminierung wegen des Geschlechts als dem Plan Gottes widersprechend« verworfen. Doch die Kirchenleitungen interessieren sich nicht für den Plan Gottes. Viele Frauen und Männer haben über die Frauen-Enzyklika von Johannes Paul II. gejubelt. Zu früh! Der Papst betont zwar die volle Gleichwertigkeit von Mann und Frau, stolpert aber am Schluß seines Papiers über sein eigenes Dogma: Für die Kirche gelte diese Forderung natürlich nicht. Gerade diese Enzyklika ist ein Paradebeispiel klerikaler Vertröstungsideologie. Die hohe Kunst kirchlicher Rhetorik bestand schon immer darin, ihre »Gläubigen« auf Dinge zu vertrösten, die niemals eintreffen sollen. Genau das aber hat Jesus nicht gemeint. »Wer etwas will, muß es tun!« betont Jesus immer wieder.

Als 23 US-Bischöfe 1983 mit dem Papst über Frauen-Ordination reden wollten, donnerte Johannes Paul II.: »Ein Bischof muß seine pastoralen und seine Führungseigenschaften dadurch beweisen, daß er jedwedem Individuum in allen Gruppen seine Unterstützung entzieht, die im Namen von Fortschritt, Gerechtigkeit oder Mitleid oder aus sonst irgendeinem Grund die Ordination von Frauen fürs Priesteramt fordern.«

Angst vor Frauen läßt zölibatäre Männer sexualpathologisch reagieren, und ausgerechnet sie sollen die frohe Botschaft Jesu von der Geschwisterlichkeit und Liebe *aller* Menschen verkünden! Frauen, die sich von Jesus verstanden und befreit fühlen, werden von seinen Nachfolgern mißverstanden und ausgegrenzt. Der frauenfeindliche Paulus prägt noch immer das Christentum viel mehr als der frauenfreundliche Jesus. Dabei würde weiblicher Pragmatismus die Kirchen von heute weit interessanter machen als der herrschende männliche Dogmatismus. Hans Küng vermutet einen inneren Zusammenhang zwischen »Heiratsverbot für ordinierte Männer und Ordinationsverbot für Frauen«. Die Unterdrückung der Frau in den Kirchen ist nur äußerer Ausdruck der Unterdrückung des Weiblichen bei den Männern.

Jesus hat Männer ermahnt und manchmal beschimpft (»Heuchler«, »Schlangenbrut«, »Otterngezücht«), von Frauen hat er gelernt. Schon seine Jünger haben das nicht verstanden und die Redakteure der Evangelien erst recht nicht mehr. Im ältesten Evangelium, bei Markus, schimmert der frauenfreundliche Jesus noch durch, doch wird er von Abschrift zu Abschrift schwächer. Bei Markus sagt Jesus, Ehebruch begeht ein Mann, der seine Frau, und eine Frau, die ihren Mann verläßt. Der spätere Matthäus läßt Jesus nur noch sagen: Ehebruch begeht eine Frau, die ihren Mann verläßt. Vom Mann ist nicht mehr die Rede. Und dies ist nur ein Beispiel von vielen.

Das jüdische Scheidungsrecht kannte nur die Scheidung, die der Mann vollziehen konnte, nicht die Frau. Jesu Jünger und die Evangelisten waren typische Juden ihrer Zeit. Jesus war kein typischer Jude. Ihm ging es nicht nur um soziale Gerechtigkeit zwischen Mann und Frau, sondern vor allem um die Würde der Frau. Markus sagt Jesus über die Liebe zwischen den Geschlechtern:

> Gott hat am Anfang den Menschen als Mann und Frau geschaffen. Deshalb verläßt ein Mann Vater und Mutter, um mit seiner Frau zu leben. Die zwei sind eins, mit

Leib und Seele. Sie sind also nicht mehr zwei, sondern eins. Und was Gott zusammengefügt hat, sollen Menschen nicht scheiden. (Mk 10,7)

Jesus sagt nicht nur, die Ehe ist eine seelische Bindung und Verbindung, sondern auch eine leibliche. Jesus hat nie die leibliche Liebe abgewertet. Er erkannte auch in der Sexualität die Wirkweise Gottes. Im Gegensatz zu vielen Asketen ist bei Jesus nichts von Geschlechts- oder Frauenfurcht festzustellen.

Jesus als Lehrer der Liebe sieht auch in der stadtbekannten »Sünderin« Maria Magdalena die liebende Frau, weil er in ihr Herz sieht. Die gesetzlich orientierten Juden von damals haben es so wenig verstanden wie die moralisch gesinnten Christen von heute: Wann immer ein Mensch *wirklich* liebt, sind ihm seine Sünden vergeben. Wer liebt, handelt wie Jesus. Und im Umkehrschluß heißt Jesu Liebesverständnis, daß die vielen Routine-Ehen, in denen Liebe keine Rolle mehr spielt, nichts anderes sind als staatlich legitimierte Prostitution.

Jesus erkannte im Herzen *jedes* Menschen den göttlichen Kern, den Kern der Gotteskindschaft. Bei Jesus gibt es keinen scheelen Blick in bezug auf Erotik und Sexualität. Die Ehe ist für ihn *die* Lebensform der körperlichen und seelischen Harmonie, der Versöhnung des Männlichen mit dem Weiblichen, *die* Schule der erotisch-geistig-seelischen Umarmung. Für Jesus ist nicht die Fortpflanzung Sinn und Ziel der Liebeslust und Liebesumarmung, sondern die Erlösung. Die Liebe zwischen Mann und Frau ist das Abbild der Liebe Gottes zu den Menschen. Jesus ist ein Meister des Eros und der Liebe.

Er vertraut der Schöpferkraft der Liebe. Er lebt aus der Schöpferkraft der Liebe. Das ist nichts für sentimentale Schwarmgeister. Die Schöpferkraft der Liebe – liebendes Leben und lebendige Liebe – ist Weg und Ziel und Antrieb für suchende, nüchterne, reifende Menschen. Für Menschen, die ihre Arbeit als Hebammen einer neuen Welt verstehen.

Paulus hingegen ist ein Meister der Geschlechtsfurcht und Frauenfeindlichkeit. Er ist der größte Frauenfeind im Neuen Testament. Bei ihm hat die Frau einfach »zu schweigen«. Es ist kein Zufall, daß Paulus Maria Magdalena mit keinem Wort erwähnt. Es ist auch kein Zufall, daß heute über dem Haus des Petrus am See Genesareth eine Kirche errichtet wird, daß sich aber um das Haus der Maria Magdalena nur wenige Kilometer südlich von Kafarnaum – ebenfalls direkt am See gelegen – kein Kirchenmann und kein Archäologe kümmert. Anton Mayer hat nachgewiesen, daß Frauen von den Redakteuren des Neuen Testaments etwa dreimal so häufig »ermahnt« werden wie Männer. Der moralische Zeigefinger der Herren galt schon immer mehr den Schwachen als den Starken – auch in der Bibel. Nur: Mit dem wirklichen Jesus hat das nichts zu tun. Die Frauenfeindlichkeit und Eros-Verachtung des heutigen Papstes hat ihren Kronzeugen in Paulus, nicht in Jesus. Den gesetzfixierten Paulus muß die Unberechenbarkeit des Eros tief irritiert haben. Von Paulus bis zu Johannes Paul II. hat sich an der Frauenmißachtung nichts geändert. Schon Paulus hatte mit der Weiblichkeit Jesu total gebrochen. Auch noch so schöne Paulus-Worte über die Liebe ändern daran leider gar nichts. Uns aber interessiert Jesus und nicht die Meinung von Paulus über Jesus. Er hatte Jesus nie gesehen, und trotzdem wurden seine Briefe in der Kirchengeschichte immer wichtiger genommen als das konkrete Leben und die lebendige Lehre des wirklichen Jesus.

Zu Jesu Jüngerkreis gehörten auch Frauen; sie waren seine ständigen Begleiterinnen. Kein jüdischer Rabbi, der ernst genommen werden wollte, hat sich mit einer Schar Jüngerinnen umgeben, wohl aber Jesus. Er war auch da ganz anders. »Die Frauen, die zusammen mit Jesus aus Galiläa hergekommen waren«... (Lk 23,55). »Viele Frauen klagten und weinten um ihn« (Lk 23,27). Sechs Jüngerinnen Jesu sind mit Namen bekannt: Johanna, Susanna, Maria (Frau des Kleopas), Maria (Mutter des Jakobus), Salome und Maria Magdalena. Nach Lukas folgten außer ihnen noch »viele andere Frauen« Jesus »von Stadt zu Stadt und von Dorf zu Dorf« (Lk 8,1–3).

Jesus begegnete Frauen allerdings nicht von Anfang an spontan mit Aufmerksamkeit.

In der Schule von Frauen

»Ich habe in den letzten Jahren vor allem von Frauen gelernt: von meiner Frau, von meinen Töchtern, von meiner Therapeutin, von Kolleginnen.« Wenn ich das irgendwo sage, schauen mich auch heute noch viele Männer mitleidsvoll an. Doch vor 2000 Jahren war ein solches »Eingeständnis« absolut unerhört. Frauen waren mindere Wesen, das jüdische Patriarchat mißachtete sie. Auch Jesus mußte erst lernen, Frauen ernst zu nehmen. Jesus, der Lernende, ging in die Schule von Frauen. Er hatte es nötig.

> Eine kanaanitische Frau kam zu ihm und rief: »Herr, du Sohn Davids, hab' Erbarmen mit mir! Meine Tochter wird von einem bösen Geist sehr geplagt.« Aber Jesus gab ihr keine Antwort. Schließlich drängten ihn die Jünger: »Siehe zu, daß du sie los wirst; sie schreit ja hinter uns her!« Aber Jesus sagte: »Ich bin nur zu der verlorenen Herde, dem Volk Israel, gesandt worden.« Da warf die Frau sich vor Jesus nieder und sagte: »Hilf mir doch, Herr.« Er antwortete: »Es ist nicht recht, den Kindern das Brot wegzunehmen und es den Hunden vorzuwerfen.« »Gewiß, Herr«, sagte sie, »aber die Hunde bekommen doch wenigstens die Brotkrumen, die vom Tisch ihrer Herren herunterfallen.« Da sagte Jesus zu ihr: »Du hast ein großes Vertrauen, Frau! Was du willst, soll geschehen.« Im selben Augenblick wurde ihre Tochter gesund. (Mt 15, 22–28)

Jesus hatte noch nicht begriffen, was Nächstenliebe ist. Er dachte am Anfang gar nicht daran, dieser Ausländerin auch nur zu antworten. Jesus scheint hier noch ganz gefangen in

Sexismus und Nationalismus. Dann versucht er es mit der Ausrede, er sei nur für die Juden da – die Kanaaniterin war eine Nichtjüdin, also eine Heidin. Diese Ausrede hat Jesus einem heidnischen Mann gegenüber nicht gebraucht. Im Gegenteil: Als der heidnische Hauptmann von Kafarnaum um die Heilung seines Knechtes bittet, sagt Jesus spontan: »Ich will kommen und ihn heilen.« Als die heidnische Frau dagegen hartnäckig bleibt, vergleicht Jesus sie mit einer Hündin. Als Frau ist sie gar kein richtiger Mensch! Brot ist für »die Kinder« da, nicht für »die Hunde«. Die Frau nimmt die Bosheit an: »Die Hunde bekommen doch wenigstens die Brotkrumen.« Erst jetzt wird sich Jesus seiner Verachtung gegenüber dieser unnachgiebigen Mutter bewußt. Die Frau hat ihm einen Spiegel vorgehalten, indem sie sein Bild der Verachtung aufgegriffen hatte. Jesus lernt so, sein eigenes Verhalten als »hündisch« zu begreifen. Er sieht seinen Schatten, seinen männlichen Stolz, seine noch nicht integrierte Anima.

Er beginnt auf das Weibliche in sich zu hören, und darum kann das Wunder der Heilung und der inneren Wandlung geschehen. Jesus hat von der nichtjüdischen Frau viel gelernt. In der Begegnung mit Frauen können Männer das Wesen ihrer eigenen Seele erleben. Christa Mulack zieht dieses Fazit der Geschichte: »Nur weil er selbst durch die Phase der Menschenverachtung gegangen ist und bereit war, sich eines Besseren belehren zu lassen, konnte er zum Lehrer anderer werden – denn hinter ihm stand die Autorität der Selbst-Erfahrung.« Jesus war nicht von Anfang an vollkommen; er entwickelte sich aber ganzheitlich, zu einem ganzen Mann, weil er bereit war, aus Fehlern zu lernen – auch von Frauen. Jesu Lernbereitschaft gegenüber Frauen ist deshalb so neu und überraschend, weil Männer zu seiner Zeit noch gar keine psychische Beziehung zum Weiblichen hatten.

Von Frauen hat Jesus gelernt, daß vor allem die Schwachen geschützt werden müssen – eine weiblich-mütterliche Erkenntnis. Die Starken können sich selber helfen. Jesus stellt die Werteskala des Patriarchats auf den Kopf: Nicht die Nationalität und nicht das Geschlecht zählen, sondern allein die Hilfsbedürftigkeit und die Schwachheit. Jesus hat durch die

Hartnäckigkeit der Mutter, deren Tochter von einem »bösen Geist sehr geplagt« wird, viel gelernt. Die Frau war sehr aufdringlich. Es ist leicht denkbar, daß sie ihre eigene Neurose, ihren eigenen »bösen Geist«, auf ihre Tochter übertragen hatte. Doch als Jesus hinter der Fassade ihrer Aufdringlichkeit schließlich ihre große seelische Not, aber auch ihr Vertrauen zu ihm erkannt hatte, wandte er sich ihr ganz zu. Wahrscheinlich sahen sich die fremde Frau und Jesus tief in die Augen, bevor er den befreienden und letztlich heilenden Satz sagen konnte: »Du hast ein großes Vertrauen, Frau! Was du willst, soll geschehen.« Vertrauen – das Schlüsselwort Jesu, das Wort, das alles verwandelt. Das Wort, das die Angst um die Tochter besiegt. »Vertrauen ist der Mittelpunkt des femininen Bewußtseins.« (Sukie Colgrave) Ein anima-integrierter Mann ist ein Mann, der Angst durch Vertrauen überwindet. Ängstliche Eltern haben meist ängstliche Kinder. Angstfreie Eltern haben meist angstfreie Kinder. Als Jesus die Angst der Frau angenommen und ihr Vertrauen erwidert hatte, konnte auch der »böse Geist« der Tochter verschwinden. Die gordischen Knoten der Angst können sich in Sekundenschnelle wie von selbst auflösen – allein durch die Heilkraft des Vertrauens. Wer es an sich selbst erfahren hat, braucht es nicht mehr zu glauben. So wunderbar ist dieses »Wunder« gar nicht! Ganz natürlicherweise hat die vom Vertrauen Jesu beruhigte Frau ihre Tochter anders angetroffen als zurückgelassen. Eine Mutter, die sich endlich wohl und verstanden fühlte, traf zu Hause eine Tochter, die sich wohlfühlte.

Theologen mögen enttäuscht sein: Von Gott ist bei dieser Wunder-Geschichte nicht die Rede. Auch nicht von Christus. Lediglich von einem Mann, der einer gestreßten Mutter zuhört und ihre seelische Not verstanden hat. Vertrauen und Zuhören sind *die* weiblichen Eigenschaften des Mannes Jesus.

Dazu gehört auch, daß er der Freund der Schwachen und Verachteten ist: der Zöllner und Sünder, der Kinder und Frauen. Und heute muß man hinzufügen: Er ist der Freund der Alten und der Asylbewerber, der Aids-Kranken und der vielen alleinerziehenden Mütter und Väter. Das Schwache ist das Weibliche in uns. Stark im Sinne Jesu, im Sinne einer Umwertung aller patriarchalischen Werte werden wir, wenn das Schwache, das Weibliche, in uns stark wird. Christa Mulack: »Auch ich sehe in Jesus die Inkarnation inzwischen vergessener weiblicher Werte, die er – und das ist das Besondere an ihm – als Mann zu leben versuchte.«

Auch dem Mann Jesus fiel es nicht leicht, sich von Frauen in Frage stellen zu lassen. Entgegen aller herrschenden Sitte besuchte Jesus Frauen in ihren Häusern, auch in Abwesenheit ihrer Männer. Bei Martha und Maria war Jesus oft zu Gast. Sein Umgang mit Frauen war unbeschwert, weil er offen war und lernbereit. Der Samariterin am Jakobusbrunnen begegnete er zunächst männlich-jüdisch arrogant. Er bat sie um Wasser und sagte: »Wenn du wüßtest, wer dich um Wasser bittet, hättest du *ihn* um Wasser gebeten, und er hätte dir lebendiges Wasser gegeben.« (Joh 4,10)

Die nichtjüdische Frau antwortet ihm nicht theologisch-abstrakt, sondern weiblich-konkret: »Du hast doch keinen Eimer, und der Brunnen ist tief, woher willst du dann lebendiges Wasser haben?« (Joh 4,11) Typisch Mann, größenwahnsinnig! hat sie gedacht.

Und dann verweist die Nichtjüdin den Juden Jesus auf ihre gemeinsame Vergangenheit: »Du willst doch nicht sagen, daß du mehr bist als unser Stammvater Jakob?« Jesus argumentiert zunächst weiter theologisch: »Wer von dem Wasser trinkt, das ich ihm gebe, wird niemals mehr Durst haben.« Und religiös-nationalistisch verengt sagt er schließlich von oben herab zu der nichtjüdischen Samariterin: »Ihr Samariter kennt Gott eigentlich gar nicht, zu dem ihr betet; doch wir kennen ihn, denn die Rettung kommt von den Juden.« (Joh 4,22)

Noch ganz der jüdischen Tradition verhaftet, glaubt Jesus zunächst an den »Gott der Juden«. Erst in der Konfrontation mit dieser Frau wird ihm klar, wie eng sein eigenes Gottesbild war. Jesus begreift in diesem Augenblick die Absurdität eines »jüdischen«, jedes nationalistischen Gottes.

Noch in diesem 20. Jahrhundert schlachteten sich Millionen nationalistisch gesinnter Christen gegenseitig ab. Auf dem Koppel der deutschen Soldaten stand noch im Zweiten Weltkrieg: »Gott mit uns.« Religiöser Nationalismus hatte die fürchterlichsten Auswirkungen. Im Gespräch mit der Samariterin am Brunnen überprüft Jesus sein Gottesbild und überwindet seinen jüdischen Gott. Plötzlich und ganz anders sagt er jetzt zu ihr: »Aber eine Zeit wird kommen, und sie hat schon begonnen, da wird der Geist, der Gottes Wahrheit enthüllt, Menschen befähigen, den Vater an jedem Ort anzubeten. Gott ist ganz anders als diese Welt, er ist machtvoller Geist, und die ihn anbeten wollen, müssen vom Geist der Wahrheit neu geboren werden. Von solchen Menschen will der Vater angebetet werden.« (Joh 4,23–24)

Damit reißt Jesus die nationalistische Schranke ein, die er zuvor selbst zwischen sich und der nichtjüdischen Frau errichtet hatte: Gott ist kein Gott der Juden mehr, Gott ist jetzt Geist, zeitlos ewig, ein Gott für *alle*. Und dann das große Wort, das völlig neue Gottesbild: Wer Gott verstehen will, »muß vom Geist der Wahrheit neu geboren werden«. Es war eine Frau, die ihn zu dieser neuen Gottesschau, zum großartigsten Gottesbild der Menschheit inspirierte: Die Schwachen und Entrechteten, die Gedemütigten und Ausgebeuteten *aller* Nationen und *aller* Zeiten haben einen barmherzigen Vater; einen Vater, der sie mütterlich liebt. Sie, *alle*, haben eine Heimat.

Gegen jede Frauenfeindlichkeit und gegen jeden dogmatischen Feminismus, der in alter Verblendung Männer- und Frauenrollen nur austauschen will, sagt der erste neue Mann uns Männern und den Frauen: Ihr seid gleichwertig. Entscheidend ist eure innere Gesinnung. Ihr sollt nicht *herr*schen, ihr sollt einander lieben und dienen. Was ihr *habt*, ist unwichtig, was ihr *tut*, ist zweitrangig. Wichtig ist, *wie* ihr es tut und wie ihr *seid*!

Die übereifrige Hausfrau Martha war eifersüchtig auf ihre Schwester Maria. Für Maria war nämlich geistiges Lernen von Jesus wichtiger als Küche und Tischdienst. Jesus sagte: »Martha, Martha, du sorgst und kümmerst dich um so viele Dinge, aber nur eines ist notwendig. Maria hat das Bessere gewählt.« (Lk 10,41–42)

Die berühmte »Hausfrauenkrankheit«, die Frauen geistig austrocknet, ist offenbar schon sehr alt. Maria war für Jesus geistige Partnerin. Jesus hatte die Rolle durchschaut, in die das Patriarchat die Frauen gedrängt hatte: Kinderkriegen und Männerfreuden. Frauen, die sich angeblich für ihre Familie »aufopfern« und zu bequem und ängstlich sind, ihrem Haus-Patriarchen gegenüber entschieden »Nein!« zu sagen, schädigen psychisch nicht nur sich, sondern auch ihren Mann und – vor allem – ihre Kinder.

Frauen, die sich nur »aufopfern«, müssen neurotisch werden. Wer neurotisch ist, macht auch andere krank. Die notwendige Animus-Entwicklung der Frau führt zu mehr Selbstbewußtsein, die Anima-Entwicklung des Mannes zu mehr Selbst-Bescheidung. Frauen haben oft einen Nachholbedarf an äußerer Entwicklung, Männer einen Nachholbedarf an innerer Entwicklung. Viele Frauen sind sehr hingabefähig. Animus-integrierte Frauen sind aber auch widerstandsfähig.

Jener Frau, die das Weibliche allein aufs Kinderkriegen reduzierte und Jesus zurief: »Die Frau, die dich geboren und aufgezogen hat, wie darf die sich freuen!« erwiderte er: »Sag lieber: Freuen dürfen sich vielmehr alle, die Gottes Wort hören und es befolgen.« Jesus forderte inmitten einer patriarchalischen Umwelt Frauen auf, sich zu emanzipieren, sich auf ihre geistigen Werte zu besinnen. Er gab den Entrechteten ihre geistige Würde zurück. Von diesem Mann träumen Frauen bis heute. Sie kennen diesen Jesus und sehen den immer größer werdenden Widerspruch in den Kirchen zwischen dem verkündeten Jesus und dem wirklichen Jesus. Uns kommt es hier ausschließlich auf den wirklichen Jesus an. Christa Mulack schreibt über den Wachstumsprozeß in Jesus: »Bei Jesus selbst können wir annehmen, daß er bis zum Zeitpunkt jenes Geschehens im Hause der Maria und Martha seine persönliche Anima-Problematik bewältigt hatte; denn die Frau war inzwischen von einer ›Hündin‹ zu einem Geistwesen aufgestiegen, was sie auch im wahrsten Sinne des Wortes ist.« Daß ich der Tiefenpsychologie von Hanna Wolff und der feministischen Theologie von Christa Mulack viele neue Jesus-Einsichten und damit mehr Selbsterkenntnis verdanke, ist ein niemals hoch genug zu bewertendes Verdienst meiner Frau. Danke, Bigi! Als wir vor 23 Jahren heirateten, habe ich nicht zu träumen gewagt, wie anregend und aufregend der gemeinsame Weg mit einer geistig wachen Partnerin werden würde. Das Hören auf Frauen und das Lernen von Frauen – nicht das blinde und sentimentale Übernehmen jedes Vorschlags aus dem Munde jeder Frau – ist die Gesellenprüfung für jeden Mann, der wirklich erwachsen werden und nicht ein Leben lang ein »Muttersohn« bleiben will. Die feministische Theologie ist *die* Befreiungstheologie in den reichen Ländern.

Jesus und Maria Magdalena

Eine Frau, Maria Magdalena, hat Jesus zuerst die Füße gewaschen und gesalbt – er hat dieses Zeichen der Liebe später an seinen Aposteln getan. Zuvor hatte Jesus Maria Magdalena von »sieben Dämonen« befreit. Dann:

> Als Maria Magdalena hörte, daß Jesus bei dem Pharisäer eingeladen war, kam sie mit einem Fläschchen voll kostbarem Salböl. Weinend trat sie von hinten an Jesus heran, und ihre Tränen fielen auf seine Füße. Da trocknete sie ihm mit ihren Haaren die Füße ab, küßte sie und goß das Öl über sie aus. Als der Pharisäer, der Jesus eingeladen hatte, das sah, sagte er sich: »Wenn dieser Mann wirklich ein Prophet wäre, wüßte er, was für eine das ist, von der er sich anfassen läßt. Er müßte wissen, daß sie eine Prostituierte ist.«
> Da sprach Jesus ihn an: »Simon, ich muß dir etwas sagen.« Simon sagte: »Lehrer, bitte sprich!« Jesus begann: »Zwei Männer hatten Schulden bei einem Geldverleiher, der eine schuldete ihm 500 Silberstücke, der andere 50. Weil keiner von ihnen zahlen konnte, erließ er beiden ihre Schulden. Welcher von ihnen wird wohl dankbarer sein?« (Lk 7,36–42)

Die männliche Ratio hat sich schon immer schwergetan mit dem weiblichen Eros. Jesus bezieht klar Stellung für das weiblich-spontane Agieren gegen diese männliche Ideologie der Vorurteile und des Verurteilens. Er sagt: Laß sie gewähren. Sie hat viel geliebt! Maria Magdalena liebt nicht mit Worten, sondern mit ihren Tränen, mit ihrem Öl, mit ihren Haaren – welch anstößiges Sex-Symbol für patriarchalisch verklemmte Männer! Weibliche Emotionalität provoziert die männliche »Moral«. Jesus durchschaut die verachtenden Blicke der Männer, weil auch er früher das Weibliche nicht genügend geachtet hatte. Er weiß um die Männer-Komplexe, er hatte sie selbst und verurteilt deshalb den Pharisäer nicht, der ihn nicht verstehen kann, sondern erzählt ihm eine einfache Geschichte, die diesen zum Nachdenken zwingt. Aus der Geschichte von Maria Magdalena wird die grundsätzliche Unvereinbarkeit des Patriarchats mit weiblichen Werten deutlich. Maria Magdalena wird zwar formal nicht zum Kreis der Apostel gezählt. Doch in Wirklichkeit ist sie die Apostelin der Apostel. Sie war mutiger als die Apostel. Nicht sie, sondern Petrus hat Jesus verraten. Sie und nicht Petrus stand unter dem Kreuz.

Sie war beispielhafter als die Apostel. Durch ihr Verhalten demonstrierte sie mehr als alle Apostel zusammen, was Umkehr konkret und praktisch bedeutet.

Sie war klüger als die Apostel. Während die Apostel drei Tage nach der Kreuzigung immer noch nichts vom Heilsweg dieses Gottsuchers begriffen hatten, ging Maria Magdalena zum Grab und sagte den für die Menschheitsgeschichte entscheidenden Satz: »Er lebt.«

Nicht Petrus oder Paulus, sondern Maria Magdalena, die »Sünderin«, ist die erste und bedeutendste Nachfolgerin Jesu. In der Schule vor allem dieser Frau wurde Jesus der erste neue Mann.

Walter Nigg weist darauf hin, daß Jesus im Neuen Testament zweimal geküßt wird – einmal von einer Frau und einmal von einem Mann: von Maria Magdalena und von Judas Iskariot. Die Küsse der Frau sind Küsse der Liebe; die

Küsse des Mannes sind Küsse des Verrats. Jesus hatte Maria Magdalena von »Dämonen« befreit. Sie verdankt ihm viel und liebt ihn sehr. In allen vier Evangelien symbolisiert sie das, was Jesu wichtigstes Anliegen war, die Liebe. Auch Judas war von Jesus zur Befreiung und Selbsterkenntnis eingeladen. Doch *seine* bösen Geister – Geld und politisches Machtdenken – haben gesiegt. Er hat Jesus verraten. In diesen beiden Personen – Maria Magdalena und Judas – liegt das große Entscheidungs- und Reifeproblem eines jeden Menschen. Jesus hat es so ausgedrückt: »Ihr könnt nicht beiden zugleich dienen: Gott und dem Geld.« Entweder – oder! Das ist urjesuanisch männliche Härte – kein Gegensatz zur Weiblichkeit, sondern humane Ergänzung. Jesus und Maria Magdalena *oder* Judas!

Der Traum von einem Mann

Die Brutalität, mit der das Patriarchat den ersten neuen Mann wegen seiner Solidarität mit den Schwachen und mit dem Weiblichen vernichten wollte, ist bekannt. Vergleiche mit der Brutalität, mit der die christliche Männerkirche Jahrhunderte später Hunderttausende von Frauen als Hexen gequält, gefoltert und verbrannt hat und mit der das nationalsozialistische und das kommunistische Patriarchat in diesem Jahrhundert Millionen Menschen aus rassistischen oder politischen Gründen abgeschlachtet haben, drängen sich auf.

Unmittelbar vor seiner Kreuzigung solidarisiert sich Jesus noch einmal öffentlich mit Frauen.

> Eine große Menschenmenge folgte Jesus. Viele Frauen klagten und weinten um ihn. Aber er drehte sich zu ihnen um und sagte: »Ihr Frauen von Jerusalem! Weint nicht um mich! Weint um euch selbst und um eure Kinder!«
> (Lk 23,27–28)

Der Liebling der Frauen und Kinder durchschaute die Verhaltensmuster des Patriarchats, weil er sie am eigenen Leib grauenhaft brutal zu spüren bekam. Männer, die das Weibliche und das Kindliche in sich verdrängen und unterdrücken, *müssen* gegen Frauen und Kinder brutal werden. Dieses Naturgesetz der Aggression hat in unserem Jahrhundert C. G. Jung am eindrucksvollsten formuliert. Jesus hat es erlitten und deshalb den »vielen Frauen«, die hilflos mitansehen mußten, wie ihre große Hoffnung wieder einmal blind geopfert wurde, zugerufen: »Weint um euch selbst und um eure Kinder.« Jesus, der das Schwache und Weibliche, den neuen Mann verkörperte, wurde gekreuzigt. Er ahnte wohl in diesem Augenblick, daß das Patriarchat und seine Ableger in allen politischen Ideologien aller Zeiten vor allem die Frauen und die Kinder und alle Schwachen als Geiseln nehmen und mißhandeln würden. Jesus war ein großer politischer Realist.

»Weint über euch und eure Kinder« heißt: Frauen und Mütter, verweigert euch dem Patriarchat und den Patriarchen – seid nicht länger ihre Komplizen. Seid nicht länger ihre Gebärmaschinen! Widersteht den nichtintegrierten Männern! Entwickelt euren Animus! Erzieht eure Kinder endlich so, daß sie sich nicht mehr als Kanonenfutter mißbrauchen lassen! Erzieht sie zu bewußter Gewaltlosigkeit und zum Widerstandsgeist gegen jede Form von Gewalt – vom Schlafzimmer bis zur Politik!

Was Jesus Frauen und Müttern aller Zeiten sagen wollte, hat Wolfgang Borchert nach dem Zweiten Weltkrieg so gesagt: »Du, Mutter in der Normandie und Mutter in der Ukraine, du, Mutter in Frisko und London, du, am Hoangho und am Mississippi, du, Mutter in Neapel und Hamburg und Kairo und Oslo – Mütter in allen Erdteilen, Mütter in der Welt, wenn sie morgen befehlen, ihr sollt Kinder gebären, Krankenschwestern für Kriegslazarette und neue Soldaten für neue Schlachten, Mütter in der Welt, dann gibt es nur eins: Sagt NEIN! MÜTTER, sagt NEIN!«

Schon immer waren die Schwachen das Kanonenfutter eines blinden, unbewußt gebliebenen, ideologisch verbohrten Patriarchats. Christa Mulack schreibt überzeugend: »Der Kreuzgang Jesu durch die Straßen von Jerusalem ist nur ein Abbild des weiblichen Kreuzgangs durch die Geschichte des Patriarchats.« Jesus ist zweifelsfrei ein Opfer des Männlichkeitswahns infantil gebliebener, unreifer Männer.

Und doch waren es Frauen, die der Welt das entscheidende Wort über Jesus sagten: »Er lebt!« Die männlichen Jünger hielten diese Botschaft zunächst für typisches Weibergeschwätz! Sie selbst waren am Ostermorgen noch Gefangene ihrer Angst – noch weit weg vom Schuß!

Die Verkündigung durch Frauen stieß von Anfang an auf männliche Ablehnung. »Er lebt« heißt: Die Überwindung patriarchalischer Verhältnisse ist möglich durch beseelte Männer und beherzte Frauen.

Wer meint, was ich schreibe, sei zu frauenfreundlich und zu männerkritisch, dem möchte ich sagen: Jesus *war* frauenfreundlich und männerkritisch. Und ich selbst habe vor dem Hintergrund meiner eigenen Entwicklung viele Gründe, von dieser Jesus-Position zu lernen.

Entscheidend wird heute sein:
- ob Frauen in Regierungen und Parlamenten nicht nur von Abrüstung reden, sondern zusammen mit Männern – endlich konsequenter als bisher die Männer – abrüsten,
- ob Frauen einen an mütterlichen Erfahrungen orientierten Machtumgang durchsetzen können,
- ob Zärtlichkeit und Macht keine unüberbrückbaren Gegensätze mehr bleiben,
- ob wenigstens Frauen begreifen, was »Ehrfurcht vor *allem* Leben« im Atomzeitalter politisch heißt und damit auch Männer inspirieren,
- ob sich Frauen mehr an ihrem Gewissen als am Fraktionszwang orientieren,
- ob Frauen sehen, daß das Problem nicht heißt, »böse Männer« durch »gute Frauen« zu ersetzen, sondern daß langfristig das Ziel sein muß, daß Männer, die den Reichtum ihres Gefühls ausleben, mit Frauen, die ihre Geisteskräfte einsetzen, partnerschaftlich zusammenarbeiten.

Frauen sind wie Männer: Sie können küssen, und sie können beißen. Aber gerade deshalb können Männer und Frauen nur gemeinsam das Grundübel vieler Zeitkrankheiten überwinden: die »vaterlose Familie« und die »mutterlose Gesellschaft« (Carola Stern).

Seit etwa 200 Jahren sehen Männer in Frauen so etwas wie eine industrielle Reserve-Armee. Jetzt denken einige Männer darüber nach, ob Frauen nicht auch für eine militärische Reserve-Armee taugen. Frauen zu den Waffen? Aus Gründen der Gleichberechtigung? Welch infame patriarchalische Bosheit! Es geht doch nicht darum, daß nun auch noch Frauen das Kriegshandwerk lernen – es geht vielmehr darum, daß Männer und Frauen gemeinsam lernen, ohne Waffen zu leben und dafür zu arbeiten, daß auf diesem Planeten kein einziges Kind mehr verhungern muß. Also: Nicht Frauen zum Kriegsdienst, sondern Männer und Frauen zum Friedensdienst – das ist das Motto, das wir von Jesus, dem ersten neuen Mann, gemeinsam lernen müssen. Wir brauchen Millionen junger Menschen aus beiden Geschlechtern, aus Ost und West und Süd und Nord
- damit die Wüsten wieder grün werden,
- damit sich eine giftfreie, natürliche Landwirtschaft durchsetzt,
- damit niemand mehr verhungert,
- damit Tier- und Pflanzenarten nicht mehr massenhaft aussterben müssen,
- damit die Erde wirklich neu wird.

Das ist die Vision des neuen Mannes aus Nazaret. Er ist das Vorbild für neue Frauen und neue Männer, die diese Vision leben wollen! Nicht der Kampf der Geschlechter, sondern Entwicklung und Partnerschaft zwischen den Geschlechtern sind die neuen Namen für Fortschritt und Liebe. Gegenüber modernistischen Tendenzen von Gleichmacherei zwischen Mann und Frau sei hier betont, daß wirkliche Partnerschaft heißt: Gleichberechtigung in der Verschiedenheit. Gerade heute im Zeitalter des Feminismus beginnt Jesus als erster neuer Mann zu strahlen wie die Sonne am Morgen eines neuen Frühlingstags. Die Strahlen dieser Sonne werden uns voll erreichen, wenn Frauen nicht länger von der Verkündigung der Heilkraft dieser neuen Sonne ausgeschlossen sind.

Krieg und Kirche, Kapital und Wissenschaftsbetrieb sind allesamt männliche Erfindungen. Wenige Tage nach der Katastrophe von Tschernobyl sagte eine Moskauerin voller Verzweiflung über die männliche Unfähigkeit, aus dem Unglück zu lernen, zu einem westlichen Journalisten: »Wenn da oben im Politbüro eine Frau säße, die das Leben kennt, dann würde man uns wenigstens bei der Auswahl der Lebensmittel helfen.« Und dann folgte der treffende Satz: »Männer denken gar nicht an das Leben, sie wollen nur die Natur und den Feind bezwingen. Was immer es koste!«

Viertes Kapitel
Jesus und die Männer

> »Sie selber tun gar nicht, was sie lehren.«
> (Jesus über die Theologen, Mt 23,3)

Männer reden oft darüber, wie Frauen sein sollten, aber sie sehen selten, wie sie sind. Männer haben Jesus in den Himmel gehoben, damit er auf Erden nichts mehr zu sagen hat. Dasselbe machen Männer oft mit Frauen. Nach dem Tod von Mao Tse-tung waren meine Frau und ich in China. Dort ist uns erstmals klar geworden, wie dieser Trick funktioniert. Der neue starke Mann in China, Deng Xiao-ping, wurde auf einer Pressekonferenz gefragt, ob »die Mao Tse-tung-Ideen« jetzt noch gelten. Deng Xiao-ping sagte grinsend: »Natürlich gelten sie noch, wir hängen sie allerdings so hoch in den Himmel, daß man sie auf Erden kaum noch sieht.«

Frauen, die von Männern idealisiert, »angebetet« und in den Himmel gehoben werden, haben auf Erden nichts zu sagen. Diesen Trick versuchen Männer immer. Als Herbert Marcuse und Roger Garaudy merkten, daß der Marxismus tatsächlich keine revolutionäre Kraft ist, welche die Welt verändern kann, setzten sie auf eine »Revolution der Frauen«. Welch männliches Mißverständnis! Hier wird von Frauen erwartet, was wir Männer selbst nicht mehr leisten wollen: Umkehr und Wandlung, die Neugeburt zu einem neuen, vertrauensvollen Leben. Männer, die das Frauliche in sich verdrängen, beten die Frauen *um* sich an. Aber wehe, wenn die Frauen dem männlichen Ideal nicht standhalten. Dann werden sie schnell als Hexen verteufelt und verbrannt oder heute: betrogen und verlassen. Nicht *die* Frauen, sondern das Weibliche in uns Männern *und* das Männliche in

Frauen können uns der neuen Erde und dem neuen Himmel näherbringen. Wir alle suchen heute nach der Retterin und dem Retter. Sie werden kommen, wenn wir sie dort suchen, wo sie schon immer warten: *in uns,* in uns Männern und Frauen. Auch Jesus hat gesagt: Sucht das Reich Gottes zuerst dort, wo es ist: *In* euch!

Die Menschheitskatastrophen dieses Jahrhunderts beweisen: Was bisher von den »alten« Männern gemacht worden ist, kann kaum als Befähigungsnachweis für qualifizierte Politik gelten. Aber allzu oft waren auch Frauen die Komplizen des Patriarchats. Wenn Frauen in der Politik dasselbe machen wie Männer, »herr«-scht zwar mehr Gerechtigkeit, aber nichts hat sich wirklich verändert. Frau Thatcher beweist das jeden Tag neu. In ihrer Person und ihrer Politik wird deutlich, daß Animus- und Anima-Entwicklung nicht nur ein geschlechtsspezifisches Problem ist. Diese Frau wurde von Männern an die Spitze gewählt, weil sie besonders männerstark ist. Bei dieser Frau ist die Anima unterdrückt und der Animus zu einseitig entwickelt – wie bei den meisten Männern.

Doch gelegentlich wird eine neue Politik von Frauen erkennbar. Als Männer den Paragraphen 218 verschärfen wollten, haben Frauen aus allen Fraktionen im Bonner Parlament in einer großen Frauen-Koalition dies zu verhindern gewußt. Sie haben deutlich gemacht: Es geht nicht um strafrechtliche Verschärfung.

Ich stimme Carola Stern zu: Einen wirklichen Wandel der Politik wird es nicht geben, wenn immer nur einzelne Frauen wie Rita Süssmuth oder Hildegard Hamm-Brücher den Weg nach »oben« schaffen. Eine Chance wird es erst geben, wenn viele Frauen sich in Politik und Parteien engagieren. Die Politik wird sachgerechter, wenn Politiker anima-integriert und Politikerinnen animus-integriert werden. Das Männliche, das Politikerinnen dabei entwickeln müssen, heißt: Selbstvertrauen, Willensstärke, Sachkompetenz und Entscheidungsfreude. Wie in vielen überwiegend männlich geprägten Berufen gilt auch in der Politik für erfolgreiche Frauen, daß sie nicht an einer Minderbewertung des eigenen Geschlechts leiden dürfen. Frauen sollten nicht nur den typischen weiblichen *Wunsch* zur politischen Gestaltung haben, sondern auch den typisch männlichen *Willen*. Dann wird aus »weiblichen« Träumen »männliche« Tat. Mit Gefühl und Intuition allein ist keine sachgerechte Politik zu machen, aber eine gefühl- und intuitionslose Männerpolitik führt in die große Katastrophe. Atomraketen und Waldsterben können wir nicht wegmeditieren – aber ohne Spiritualität in der Politik gibt es überhaupt keine Umkehr, ist die große Katastrophe unabwendbar.

Ich kenne viele private Politiker-Schicksale. Mit ihren 80-Stunden-Wochen – Kanzler Schmidt rühmte sich dessen oft! – wollen sie ein humanes Leben sichern und machen es bei sich selbst völlig kaputt. Ich kenne »Familienpolitiker«, die ständig – auch am Wochenende auf Tagungen – über »Familie« reden, aber fast nie ihre Familie sehen und überhaupt nicht mit ihr leben. Für »*Ideen*« gingen Männer schon immer über Leichen, über die psychischen Leichen ihrer Frauen und die psychischen Leichen ihrer Kinder zuallererst – und das *Leben* kommt zu kurz dabei. Die Geschichte ist voller Beispiele dafür, wie ideenbesessene, fanatisierte Männer (manchmal auch Frauen) im Namen ihrer *Ideen* das *Leben* gekreuzigt haben.

Der Kampf für und gegen religiöse Ideen steht dabei sogar unrühmlich an der Spitze aller ideologisierten Kämpfe und Kriege. Männlich-infantile, theoretische Konstruktionen statt männlich-integrierten praktischen Handelns! Frauen sind grundsätzlich mehr praxisorientiert und lebensnäher als Männer. Weibliche Weisheit ist: Nicht vernünfteln, sondern empfinden. Der an weiblichen Werten orientierte Mann Jesus hat seinen Freunden beim Abschied keinen Vortrag über Liebe gehalten, er hat ihnen die Füße gewaschen, mit ihnen gegessen und getrunken. Auch ich habe die Krankheit »Reden statt Tun« durchgemacht und bleibe immer für sie anfällig. Deshalb weiß ich, wie »gut« wir Männer es immer »meinen«. Die Politik ist voll von Männern, die »es gut meinen«.

In allen öffentlichen und bei sehr vielen privaten Diskus-

79

sionen fällt mir auf, daß die wichtigen Worte »Seele« und »Liebe« für Männer Fremdworte geworden sind. Die Männerwelt in Politik und Wissenschaft, in Kirche und Wirtschaft ist entsprechend seelenlos und lieblos. Wenn in Diskussionen die Worte »Seele« und »Liebe« überhaupt gebraucht werden, dann von Frauen.

Jesus: Einen guten Baum erkennt man daran, daß er gute Früchte bringt – ist das nicht der Fall, wird der Baum umgehauen und verbrannt! Wer kennt sie nicht aus der »Tagesschau«: die innerlich ausgebrannten Männer mit ihren ewigen nichtssagenden Phrasen! Die Ohnmacht der »Helden« wird uns jeden Tag vorgeführt. Es geht auch anders: Die norwegische Regierungschefin, die selbst vier Kinder hat, zeigt Verständnis für ein weibliches Kabinettsmitglied, das jeden Tag um 15.45 Uhr das Ministerium verläßt – ihrer Kinder wegen. C. G. Jung: »Kleinstes mit Sinn ist immer lebenswerter als Größtes ohne Sinn.«

Niemand in der Politik – weder Mann noch Frau – wird Kindern die Zukunft sichern können, wenn er oder sie keine Zeit mehr hat für die eigenen Kinder. Kein Mann wird eine frauenfreundliche Politik machen können, wenn er keine Zeit hat für seine eigene Frau und Kinder. Und keine Frau wird eine männerfreundliche Politik machen können, wenn sie keine Zeit hat für ihren Mann und ihre Kinder.

Die folgende Geschichte wird traditionell unter dem Blickwinkel »Jesus und die Frauen« gesehen. Bei näherem Hinsehen wird aber deutlich, daß es eher eine typische Männergeschichte ist:

> Da kamen einige Pharisäer zu ihm und versuchten, ihm eine Falle zu stellen. Sie fragten ihn: »Ist es erlaubt, daß ein Mann seine Frau aus jedem beliebigen Grund wegschickt?« Jesus antwortete: »Habt ihr nicht gelesen, was in den heiligen Schriften steht? Dort heißt es, daß Gott am Anfang den Menschen als Mann und Frau geschaffen hat. Und er hat gesagt: Deshalb verläßt ein Mann Vater und Mutter, um mit seiner Frau zu leben. Die zwei sind dann eins, mit Leib und Seele. Sie sind

also nicht mehr zwei, sondern eins. Und was Gott zusammengefügt hat, sollen Menschen nicht scheiden.« (Mt 19,3–9)

Männer haben sich schon zu Jesu Zeiten schwergetan, ihn zu verstehen, sogar seine engsten Anhänger. Wie heute in der Politik, so ging es damals auch den Männern um Jesus vor allem um sich selbst und um ihre persönliche Macht.

Die Lektion, die Jesus ihnen erteilt, ist eindrucksvoll:

> Unter den Jüngern kam es zu einem Streit, wer von ihnen der Bedeutendste sei. Jesus kannte ihre Gedanken. Er nahm ein Kind, stellte es neben sich und sagte zu ihnen: »Wer dieses Kind in meinem Namen aufnimmt, der nimmt mich auf. Und wer mich aufnimmt, nimmt den auf, der mich gesandt hat. Also: wer der Geringste unter euch ist, der ist wirklich groß.« (Lk 9,46–48)

Stellen wir uns kurz die Gesichter dieser Männer vor! Ein Kind als Vorbild – typisch Jesus! Sie wollten doch die Größten sein – typisch Männer! Jesus will eine neue Rangordnung: Die Schwachen sind die Privilegierten. Männer haben aus dem Menschensohn Jesus einen »Gottessohn« gemacht. Und nun streiten sie sich um die Plätze der Halbgötter – bis heute exakt nach der Kleiderordnung: Schwarz für die einfachen Priester, Violett für Bischöfe, Pupur für Kardinäle, Weiß für den Papst. Papst Innozenz III. (1198–1216) nahm diese klerikale Farbkarriere besonders wichtig: Er hielt zwar nichts von Religion, aber um so mehr vom kirchlichen Laufsteg und von weltlicher Macht. Kein Staat der Welt hat solch maskenhaften Schnickschnack wie der Vatikan. Und das im Namen Jesu! Dagegen Jesus ganz eindeutig: keine Hierarchie bitte, keine Ausgrenzung, keine Hahnenkämpfe. Die Geringsten sind groß.

Wir Männer sollten vielleicht die Geschichte der Begegnung Jesu mit der kanaanitischen Frau (siehe Seite 64), die um die Heilung ihrer Tochter bittet, noch einmal lesen – mit Blick auf uns selber!

Jesus hat die Frau zunächst einfach überhört. Wie viele Frauen erkennen in diesem hochnäsigen Jesus ihren eigenen Mann oder Partner wieder. Erkennen wir Männer uns auch? Die Hartnäckigkeit dieser Frau beeindruckt uns schließlich. Sie bringt etwas zum Schwingen, sie macht unsere Seele locker – wie bei Jesus. Jetzt können wir lernen. Wir sehen in diesem Jesus und in dieser Kanaaniterin ein Stück unseres eigenen Weges. Wie oft haben meine Frau und unsere Kinder mir in den letzten Jahren den Spiegel vorhalten müssen, bis ich zu ahnen begann: Das bin ja ich! (Jahrelang hatte ich immer wieder überlegt: Warum ändert sich eigentlich meine Frau nicht?) Das Bild, das ich im Spiegel sah, hat mich oft wütend gemacht. Aber ich war es selbst und bin es selbst. Danach konnte und kann neues Leben wachsen. Eine Entschuldigung gegenüber der Frau ist von Jesus nicht überliefert. Aber etwas viel Wichtigeres: ein geändertes Bewußtsein, ein neues Verhalten, ein ganzheitliches Tun, das die gewünschte Heilung der Tochter der kanaanitischen Frau bewirkt, eine geistige Neugeburt.

Männerethik

Auch die Geschichte der Ehebrecherin und ihre Begegnung mit Jesus ist in Wahrheit eine Geschichte männlich-autoritärer Ethik.

> Da führten die Gesetzeslehrer und Pharisäer eine Frau herbei, die beim Ehebruch ertappt worden war. Sie stellten sie so, daß sie von allen Seiten gesehen wurde. Dann sagten sie zu Jesus: »Diese Frau wurde ertappt, als sie gerade Ehebruch beging. In unserem Gesetz schreibt Moses vor, daß eine solche Frau gesteinigt werden muß. Was sagst du dazu?«
> Mit dieser Frage wollten sie ihm eine Falle stellen, um ihn anklagen zu können. Aber Jesus bückte sich nur und schrieb mit dem Finger auf die Erde. Als sie nicht aufhörten zu fragen, richtete Jesus sich auf und sagte zu

ihnen: »Wer von euch noch nie gesündigt hat, der soll den ersten Stein auf sie werfen.« Dann bückte er sich wieder und schrieb auf die Erde. Als sie das hörten, zog sich einer nach dem anderen zurück. (Joh 8,3–11)

Männer haben eine Frau beim Ehebruch »ertappt«. Wo ist der dazugehörige Mann? Warum wurde er nicht »ertappt«? Zweierlei Maß. Kann es eine strenge Moral für Frauen und eine laxe Moral für Männer geben? Eine Frau hat einen Mann geliebt. Und Männer sagen: »Das Gesetz« sieht Steinigung vor – für die Frau!

Vom Mann ist nicht die Rede. Für ihn gelten »liberale« Maßstäbe. Doch für die Frau befiehlt das Gesetz Steinigung. Die armen Männer müssen wieder einmal einen Befehl ausführen, einem Gesetz gehorchen. Das machen sie seit Jahrtausenden – in jedem Krieg. Gegen jede Gewissensregung ist Mord im Krieg kein Mord, sondern eine Heldentat.

Und diese Männer hatten niemals Schuld und Verantwortung. Auch Massenmörder berufen sich immer auf den Befehl. Der Befehl ist schuld – niemals die Mörder. Ein unglaublicher Trick, um von den schlimmsten Verbrechen an der Menschheit freigesprochen zu werden.

August 1941. In der Nähe der russischen Stadt Kiew, in Bjelala-Zerkov, werden von der deutschen Waffen-SS mehrere hundert jüdische Männer und Frauen erschossen. Ihre Kinder bleiben in einem Gebäude am Ortsrand eingesperrt – ohne Essen und Trinken, ohne sanitäre Anlagen. In den Abendstunden des 19. August wird ein Teil der Kinder erschossen. 90 Säuglinge und Kleinkinder bleiben zurück, schreien und weinen die ganze Nacht hindurch. Der katholische »Kriegspfarrer« Ernst Tewes, der die Kinder gesehen hat: »Die Kinder lagen zum Teil in ihrem eigenen Kot. Ich erinnere mich noch ganz besonders daran, daß die Kinder in die vorstehenden Ecken des Zimmers große Löcher gebohrt hatten und den Lehm und den Mörtel aßen.« Auch der »Kriegspfarrer« Josef Maria Reuß besucht die zur Ermordung bestimmten kleinen Kinder und kritisiert in einer dienstlichen Meldung lediglich, daß »solche Dinge sich in breitester Öffentlichkeit abspielen«. Die beiden katholischen »Kriegspfarrer« (sie unterschrieben mit diesem »Dienstgrad« ihre Briefe) wurden später Weihbischöfe. Einen der beiden Augenzeugen des Kindermords besuchte ich 47 Jahre später. Ich wollte von ihm wissen, ob er nicht *mehr* zur Rettung der Kinder hätte tun können. Auf diese Antwort war ich gefaßt: »Ich war kein Held und wollte kein Märtyrer werden.« Diese Haltung hätte ich als ehrlich empfunden. Auch ich weiß ja nicht, ob ich in dieser Situation zu mehr als einer Meldung fähig gewesen wäre. Aber der Bischof versuchte mir wortreich zu erklären, welche Heldentat schon die Meldung gewesen wäre. Kein Hauch von Schuldgefühl. Auf meine Frage, wie sich Jesus in einer solchen Situation verhalten hätte, sagte der Bischof: »Jesus hätte genauso gehandelt.« Kurz danach besuchte ich den SS-Obersturmbannführer, der die Erschießung gegen die Kinder geleitet hatte. Er weinte und sagte: »Ich bin schuldig geworden.« Natürlich berief auch er sich auf »den Befehl«, genauso wie die damaligen Kriegspfarrer und späteren Bischöfe. Vom »Befehl« Gottes, von der Ur-Inspiration aller Religionen: »Du sollst nicht töten«, und den Konsequenzen daraus sprachen weder der SS-Mann noch der Bischof. Doch der SS-Mann sprach von Schuld, der Bischof nicht!

Der Kindermord von Bjelala-Zerkov geschah, weil es dafür einen Befehl gab. Die Beinahe-Steinigung der Ehebrecherin geschah, weil es dafür ein Gesetz gab. Wo aber war in diesen beiden Männergeschichten das Gewissen? Christa Mulack: »Es ist immer dasselbe: Im Patriarchat trägt kein Mann die Verantwortung für seine Taten, denn immer handelt er auf Befehl eines Höheren.« Die Männer selbst waschen ihre Hände gewöhnlich in Unschuld.

Nach der Johannes-Erzählung ist es Jesus dank seiner genial-einfachen Rückfrage gelungen, die Herren zum Nachdenken zu bringen. Vielleicht hatten sie schon die Steine in der Hand. Sie ließen sie wieder fallen und »zogen sich zurück«. Als Jesus mit der Frau allein war, sagte er zu ihr: »Tu es nicht wieder.«

Nachdem Jesus am Sabbat in der Synagoge den Mann mit der gelähmten Hand geheilt hatte, wollten seine Gegner ihn anzeigen. Jesus fragte sie: »Was darf man nach dem Gesetz am Sabbat tun? Darf man einem Menschen das Leben retten, oder muß man ihn umkommen lassen?« Und was antworteten die gewissenlosen, aber gesetzesfrommen Feiglinge? »Er bekam keine Antwort.« Bespitzeln war erlaubt am Sabbat, heilen aber nicht! Jesus wurde nicht »wegen der Sünden der Menschheit« ans Kreuz geschlagen – wie ich es noch im Religionsunterricht lernen mußte –, sondern wegen der Dummheit, Hartherzigkeit und Gesetzestreue des religiösen und politischen Patriarchats.

Männer: Gesetz oder Geist?

Bei Männern ist fast alles nur am Gesetz orientiert. Selbst ihre Spiritualität und ihre Gottesdienste gestalten sie nach Vorschrift. Diese geistige Armut treibt heute Frauen massenhaft aus den Männerkirchen. In den Kirchen ist zwar noch immer viel Betrieb, aber es passiert nicht viel Wesentliches. Tanz und Meditation, Körperlichkeit und spontane Freude fehlen. Peinlich-steife Feierlichkeit statt lebendiger Spiritualität! Wie soll die Dimension des Göttlichen je durchbrechen, wenn persönliche Trauer und persönliche Freude, spontaner Trost und spontane Zuneigung in einem Gottesdienst als störend empfunden und Frauen und Kinder dort als Menschen zweiter Klasse behandelt werden, die am Altar nichts zu sagen haben. Die Kirche putzen – das dürfen sie!

Warum orientiert sich eine Kirche, die sich auf Jesus beruft, nicht an der Ethik seiner Bergpredigt?

> Freuen dürfen sich alle, die nur noch von Gott etwas erwarten und nichts von sich selbst, denn sie werden mit ihm in der neuen Welt leben.
> Freuen dürfen sich alle, die unter der Not der Welt leiden, denn Gott wird ihnen ihre Last abnehmen.

Freuen dürfen sich alle, die keine Gewalt anwenden, denn Gott wird ihnen die Erde zum Besitz geben.
Freuen dürfen sich alle, die brennend darauf warten, daß Gottes Wille geschieht, denn Gott wird ihre Sehnsucht stillen.
Freuen dürfen sich alle, die barmherzig sind, denn Gott wird auch mit ihnen barmherzig sein.
Freuen dürfen sich alle, die ein reines Herz haben, denn sie werden Gott sehen.
Freuen dürfen sich alle, die Frieden schaffen, denn sie werden Gottes Kinder sein. (Mt 5, 3-9)

Jesus hat nicht von Männern gesprochen, sondern von »allen«. So hatte noch nie ein Prophet geredet. Es geht beim Gott Jesu
– nicht um Strafe, sondern um Freude,
– nicht um Askese, sondern um Lebensfülle,
– nicht um Richten, sondern um Barmherzigkeit.

Jesu Nachfolger haben wieder einen männlichen Gott der Strafe, der Askese und des Richtens verkündet mit allen erbarmungslosen Konsequenzen bis zum »Gott mit uns« im Krieg. Aber der Jesus, der noch entdeckt werden will, ist ein Gott des Glücks, der Barmherzigkeit und der Freude. Im Deutschen sind die »Seligpreisungen« noch immer viel zu lau übersetzt. »Makarioi« ist mehr als »Freuen sollen sich« oder »Selig, die...«. Das heißt vielmehr:
– Selig vor Glück seid ihr, wenn...
– Freut euch, ihr habt das große Los gewonnen –
– Ihr werdet es gar nicht fassen können –
– Ihr werdet außer euch sein.

Das ist Jesus und sein Gott. Jede und jeder ist eingeladen zu dieser unvorstellbaren Glückseligkeit.

In Anlehnung an die von Ernst Bloch geprägte Formel vom »aufrechten Gang« hat Hans Rudolf Hilty die Seligpreisungen des Bergpredigers aktualisiert. Den Kranken und Schwachen, den Suchenden und Besessenen, den Tausenden, die zu ihm kommen, ruft Jesus zu: »Leute, Gott will den aufrechten Gang!« Und wenn das Volksgemurmel abgeklungen ist, wird Jesus sehr deutlich und verlangt von uns Heutigen:

> Den aufrechten Gang der Bettler, die betteln nach dem lebendigen Geist, ihnen die höchste Würde.
> Den aufrechten Gang der Verzweifelten, die von Angst niedergedrückt sind; sie seien erhoben.
> Den aufrechten Gang der Gedemütigten, die jede Gewalt ablehnen; ihnen gehöre die Erde.
> Den aufrechten Gang der Verstoßenen, die hungern und dürsten nach den Rechten des Menschen; ihnen ein Festmahl.
> Den aufrechten Gang der Geschundenen, die sich mit den Leiden der Menschen solidarisch fühlen; ihnen Schwesterlichkeit und Brüderlichkeit aller.
> Den aufrechten Gang der Fragenden, die sich und anderen nichts vormachen; nur ohne Maske kann man Gott schauen.
> Den aufrechten Gang der Friedensfrauen, die keine Waffen tragen; sie sind Kinder Gottes.
> Den aufrechten Gang der Verfolgten um meinetwillen, die meine Verheißung ernst nehmen; auch ihnen die höchste Würde.
> Leute! Geht aufrecht, wenn sie euch schmähen und bespitzeln, weil ihr jetzt hier seid. Sie haben schon die Propheten verfolgt und gefoltert. Ihre Schmähungen sind Lügen, ihre Folter ist Unrecht. Geht nicht mehr geduckt, Gott will den aufrechten Gang. Freut euch, die Feier des Lebens ist gekommen.

So spricht Jesus zu den Hunderttausenden in den Alternativbewegungen und zu den mutigen Blockierern vor den Raketensilos, zu den Tierbefreiern und Lebensschützern, zu den Mitgliedern von Green Peace und amnesty international, zu verzweifelten Frauen in einem Schwangerschaftskonflikt und zu den vielen, die im stillen an einer neuen Welt mitarbeiten.

Jesus: Zerstöre keine Ehe!

Männer idealisieren Jesus, oder sie tun ihn als Trottel ab. Das ist mir bei vielen Gesprächen über diese Bergpredigt-Stelle besonders klar geworden:

> Ihr wißt auch, daß es heißt: Zerstöre keine Ehe! Ich aber sage euch: Wer die Frau eines anderen auch nur ansieht und sie haben will, hat in Gedanken schon ihre Ehe zerstört. (Mt 5,27–29)

Darüber können sich christliche Männer halbtotlachen, oder sie nehmen diese Worte Jesu nicht ernst. Auch bei Pfarrern und Theologiestudenten habe ich das erlebt. Wenn es ernst wird mit dem wirklichen Jesus, dann lachen oder kneifen sie. Über den »Irrsinn« seiner Feindesliebe ebenso wie über seine »unmögliche« Ehe-Ethik.

Und eher erklären Theologen den wirklichen Jesus zum Idealisten und Spinner, als daß sie mit den Erfahrungen ihres eigenen Lebens und Lernens fragen, was »Jesus heute« wirklich und konkret heißen könnte. Das Zeitalter der »sexuellen Befreiung« hat auch die Kirche voll erwischt, sie, die ja schließlich mit schuld an den vielen Sexualneurosen ist. Nun schlagen diese Neurotiker zurück. Und die Kirchen glauben, darauf wiederum mit »Du sollst« und »Du darfst nicht« antworten zu können, statt junge Menschen zur Einübung einer erotischen Sexualität und liebenden Zärtlichkeit, die sie zur wirklichen Liebe befreit, zu ermuntern.

Die Entwerfer der Illustrierten-Titel und die Macher der Boulevard-Zeitungen nutzen die geilen Blicke der sexuell Verklemmten für ihren Profit. Mit der Frau als Lustobjekt werden lukrative Geschäfte gemacht. Durch die Kirchen und Kanzeln haben wir Männer es ja zuallerletzt gelernt, unseren Sexualtrieb auf natürlich-selbstverständliche Weise in zwischenmenschliche Beziehungen zu integrieren. Jesus deckt die Männerprojektionen eindrucksvoll auf. Hier wird die neue ethische Dimension Jesu deutlich: Es geht um sittliche Empfindungen. Ein völlig neuer ethischer Ansatz. Nicht der äußere Schein ist entscheidend, sondern das Sein, die innere Haltung. Vielleicht begehst du nur deshalb keinen Ehebruch, weil du keine Gelegenheit hast, weil du Angst hast oder weil du zu spießig bist! Bist du deshalb besser als andere oder nicht eher ein Heuchler? Eine Frau hat mir erzählt, wie langweilig ihr Mann in der Ehe ist, und meinte: »Ich traue ihm nicht mal einen Ehebruch zu – so spießig ist der!« Mit dem anstößigen Wort: »Wer die Frau eines anderen auch nur ansieht und sie haben will, hat in Gedanken schon ihre Ehe zerstört« meint Jesus: Nicht staatliches Gesetz und nicht kirchliche Autorität entscheiden, was Ehebruch ist, sondern allein die Reinheit oder Geilheit *deines* Herzens. Und erst wenn wir in völliger innerer Freiheit entscheiden, entscheiden wir wirklich. Vorher *wird* über uns entschieden.

Die heutige Ehemoral ist ehrlicher als in früheren Jahrhunderten. Die Ehe ist nicht mehr »Lebensversicherung für die Frau und kostenloser Service für den Mann. Ihr erster Anspruch ist Liebe« (Elisabeth Badinter). Wo die Liebe nicht mehr da ist, geht heute ein Partner – meist die Partnerin – zum Scheidungsanwalt. Das trifft zumindest für materiell unabhängige Frauen zu. Das Zusammenbleiben ohne Liebe wird immer mehr als das empfunden, was es ist: als Heuchelei. Dem Ende der Liebe geht immer das Absterben der Gesprächsfähigkeit in der Liebe voraus. Die permanente und bedingungslose Dialogbereitschaft ist *die* Therapie für jede Ehe-Krise. Viele ziehen heute das warme Nest der Einsamkeit dem lauwarmen Nest der Zweisamkeit vor. Elisabeth Badinter: »Zwischen dem Warmen und dem Lauwarmen ist kein Platz mehr.« Diese Entwicklung läßt die Scheidungszahlen weiter ansteigen und widerspricht deshalb der kirchlichen Ehemoral. Doch von Ehe um jeden Preis hat Jesus nie gesprochen. Auch für die Liebe zwischen Mann und Frau gilt sein ethisches Grundprinzip der inneren Wahrhaftigkeit: »Sagt ganz einfach ja oder nein; jedes weitere Wort ist vom Teufel.« Nach jesuanischer Ethik wird eine Scheidung längst vor dem Gang zum Scheidungsrichter vollzogen. Jesus fordert nicht zur Scheidung auf; wohl aber zu einer Treue und Wahrhaftigkeit, die auch bereit ist, eine Scheidung auf sich zu nehmen.

Jesus: Der männliche Mann!

Welche starken, urmännlichen Worte gebraucht Jesus, wenn es um den Schutz der Schwachen geht! Denjenigen, die Kinder schlagen und ihnen Gewalt antun, sagt Jesus: »Besser wäre es für euch, ihr würdet mit einem Mühlstein am Hals ertränkt!« Und denen, die gewalttätig sind gegenüber Frauen, sagt er: »Es ist besser für dich, du verlierst ein Glied deines Körpers, als daß du ganz in die Hölle geworfen wirst.« Das ist jesuanisch eindeutig, wenn auch schon immer mißverstanden. Das kann Jesus nicht gesagt haben, erklären uns Vertreter der kritisch-historischen Forschung. Das paßt nicht zum »sanften« Jesus. Doch, doch, das paßt sehr gut zum wirklichen Jesus, zum ganzen Mann. Er wünscht ja niemanden »in die Hölle« oder »mit einem Mühlstein ertränkt«. Er sagt vielmehr: Es gibt nichts Schlimmeres für euch Starke als die Mißachtung und Demütigung und Vergewaltigung der Schwachen. Wahrscheinlich geschehen im »aufgeklärten« Europa die meisten Verbrechen im Schlafzimmer, danach im Kinderzimmer. Aber über Vergewaltigung von Frauen und Gewalt an Kindern regt sich kaum jemand auf. Die Darstellung einer Vergewaltigung in der Fernsehserie »Schwarzwald-Klinik« hingegen löste massenhaft Zuschauerproteste aus. Der Protest richtet sich gegen die Darstellung der Gewalt, nicht gegen die Gewalt. Hier wird verdrängt. Ein grauenhafter Tod oder eine schreckliche Verstümmelung wären weniger schlimm als das, was wir den Schwächeren antun, meint Jesus!

Aber wir dürfen den ersten wirklich neuen Mann nicht mit einem unmännlichen, weibischen Mann verwechseln. Er hat schließlich ebenso knallhart gesagt: »Ich bin nicht gekommen, den Frieden zu bringen, sondern das Schwert.« Viele meinen auch, daß dieser Satz nicht zum pazifistischen Jesus der Bergpredigt paßt. Wer Pazifismus mit reiner Harmonie, ängstlicher Feigheit und eigenem schwächlichem Nachgeben verwechselt, der hat recht.

Jesus war nicht feig und ist kein Vertreter jener pazifistischen Richtung, die Frieden mit trügerischer Friedhofsruhe verwechselt.

Jesus hat Familien auseinandergerissen, auch seine eigene. »Die Wahrheit wird euch frei machen«, nicht die Familienbande. »Sag ja, ja oder nein, nein, alles andere ist vom Teufel« – »Du kannst nicht zwei Herren dienen – Gott und dem Mammon.« Jesus ruft zu echt männlicher Entscheidung, nicht zu Anpassung und Harmonisierung auf: »Neuer Wein in *neue* Schläuche«!

Das Schwerste an diesem Erlösungs- und Befreiungsweg ist die Begegnung mit dem eigenen »Schatten«, die Begegnung mit dem, was wir vielleicht jahrzehntelang verdrängt haben. Hanna Wolff: »Der Mut zur Selbstbegegnung entscheidet.« Sie erzählt den Traum eines jungen Theologen aus ihrer Praxis: »Aus einer Buchhandlung will ich nach Hause telefonieren... Anstandshalber muß ich jetzt ein Buch kaufen. Ich frage nach der Taschenbuchabteilung, weil es dort die billigsten Bücher gibt... Ich gehe in der Buchhandlung nach hinten und sehe rechts auf einem Regal hoch oben zahlreiche Bände, da ist auch ein Buch von C. G. Jung. Es kostet aber DM 78,–. Als ich es herunterholen will, kann ich nicht bis nach oben hingreifen. Aber da sind Schemel, auf denen man stehen kann.«

Dieser junge Theologe sieht alles wesentliche, das wertvolle Buch, die Schemel, um ranzukommen, aber er tut nichts: Der Schemel bleibt unbenutzt, er will nur »anstandshalber« ein Buch kaufen. Ein Massenmensch, der allenfalls tun will, was »man« tut, aber nicht wirklich und beherzt auf den Schemel steigt und zugreift; er hat nicht den Mut zur Selbstbegegnung. Die Analyse wurde abgebrochen – ohne Ergebnis. Es fehlte am wirklichen, alles entscheidenden Willen.

Ganz anders Mahatma Gandhi, er hat den Mut zur Selbstbegegnung: Lange Zeit hatte er seine Frau geschlagen. Nur so, meinte der Hindu-Mann, werde sie eine »gute Hindu-

Frau«. Doch als er seine Lehre von der Gewaltfreiheit konzipierte, erkannte er den Widerspruch zwischen seinem Reden und seinem eigenen Tun. Er war entsetzt über sich und änderte sich – unter Tränen über sich selbst – sofort. *Deshalb* war seine Politik so echt und erfolgreich – er trennte privates und politisches Tun nicht mehr, er arbeitete an seiner Anima-Integration – wie Jesus.

Erst die Integration des Weiblich-Empfindsamen macht Jesus zu einem ganzen, zu einem sehr männlichen Mann. Er war nicht männisch, sondern wirklich männlich. Das ist der harte Jesus. Wir mögen ihn schon deshalb nicht, weil wir uns sonst wirklich ändern müßten. Die Ermahnungen, die Jesus an Martha und die Ehebrecherin richtet, sind harmlos gegenüber der Wut, die er die Vertreter des Patriarchats spüren läßt. Jesu konsequente und »harte« Ehe-Ethik dient dem Schutz der Frau vor der Willkür des Mannes.

Seit 25 Jahren wird die »sexuelle Befreiung« durch die »sexuelle Revolution« gepredigt. Wir wissen heute: Sie fand nicht statt. Es ist ein Fortschritt, daß es heute im Zusammenhang mit Sexualität weniger Schuldgefühle gibt. Aber die »sexuelle Revolution« hat nicht die große Befreiung gebracht. Viele behandeln ihre ständig wechselnden Sexualpartner wie Wegwerfartikel – wie eben alles in einer Wegwerfgesellschaft. Sex als Konsum verschleiert aber einen tiefen Mangel an Intimität, Humanität und seelisch ursprünglichen Erlebnissen.

Im Umgang mit Jugendlichen erlebe ich allerdings eine neue, wertorientierte Haltung: Sexualität ohne Schuld, aber auch ohne Konsumorientierung. Diese neue sexuelle Wertorientierung vieler junger und einiger älterer Menschen läßt ein neues Tiefenerleben der Liebe erwarten. Das ist auch gesellschaftlich eine große Hoffnung. Es ist ein Zeichen von Wahrhaftigkeit, wenn immer mehr Menschen – ganz im Sinne Jesu – empfinden, daß nicht der formale Akt der Eheschließung, sondern allein die Liebe sexuelle Erfahrung rechtfertigt. Der Trau-Schein ist sehr oft nur das Papier für eine Schein-Trauung! Sexuell erfüllte und glückliche Menschen aber geben einer Gesellschaft positive Impulse. Vielleicht wächst heute erstmals eine junge Generation heran, die – zumindest zum Teil – erleben lernt, was Sexualität in *verantworteter Freiheit* ist.

Körperliche Intimität ersetzt keine seelische Intimität. Deshalb geht der alte Geschlechterkampf noch immer weiter. Männer haben Angst vor Frauen, was sie so gut wie nie zugeben, und Frauen haben Angst vor Männern, was sie sich immer öfter eingestehen.

In dieser Situation empfiehlt Jesus uns heutigen Männern:
– Liebe statt schnellen Sex
– Vertrauen statt verdrängter Angst
– Hoffnung statt unreifer Illusion
– Erkenntnis der Liebe statt Bekenntnisse zur Liebe.

Jesus: Der emanzipierte Mann

Der gefühlsimpulsive Jesus handelt, wie er fühlt, und fühlt, wie er handelt. Er empfiehlt weibliches Zutrauen und beharrliches Bitten statt männlichen Verurteilens und strengen Richtens. Hinter diesen Weisungen steht die Autorität des ersten integrierten Mannes. Ein Mann mit einer tiefen Gotteserfahrung und einem sicheren Wertgefühl: gespeist aus der Dynamik und der Energie einer großen Seele – nüchtern, kritisch, unnachgiebig gegenüber faulen Kompromissen.

Dieser neue Mann mußte am eigenen Leib unvorstellbar schmerzhaft erfahren, wohin es führt, wenn die »alten« Männer das Wort Gottes im Munde führen, aber in ihrem Herzen versteinert bleiben, von »Gottes Wort« reden, in Wahrheit aber ihre eigenen Gesetze meinen. »Ihr habt aus Gott einen Gott der Toten gemacht« (Mk 12,27), sagt Jesus diesen Vertretern des alten Bewußtseins. Gott aber lebt und will, daß seine Freunde das Schwache stärken, das Kranke heilen, das Verirrte suchen. »Neue Männer braucht das Land« stand an vielen Häuserwänden – gemeint sind Männer, die sich nicht schwach, sondern stark fühlen, wenn sie ihre weiblichen Fähigkeiten leben. Das ist unsere Berufung. In Jesus lebte der Traum dieser Berufung.

Die Zukunft gehört neuen Männern und neuen Frauen, die in Jesu Schule gehen und nicht mehr in die des Patriarchats. Männlichkeit, wie sie das alte Männer-Stereotyp forderte, war sehr anstrengend, es forderte ein Verhalten der Stärke, der Rivalität und des Kampfes: Und Stärke wird dabei mit der Summe der Atombomben verwechselt oder mit der Summe auf dem Bankkonto. Auch der »alte« Mann wünschte schon immer heimlich, gefühlvoller leben zu können; der »neue« Mann übt dies und fängt an, Konsequenzen zu ziehen: Männer-Emanzipation ist das große Thema der Zukunft. Feministinnen haben recht, wenn sie uns sagen: Ihr müßt euch selbst befreien. Männerbefreiung heißt in erster Linie: die Seele entdecken und pflegen. Wenn Männer bleiben, was sie heute sind, dann ist das Ende der Menschheit nicht mehr weit. Wenn aber emanzipierte Männer, inspiriert von emanzipierten Frauen, sich auf den Weg der Partnerschaft machen, bauen wir zusammen das auf, wovon Jesus vor 2000 Jahren träumte: die »neue Welt«. In den Weisungen der Bergpredigt finden wir die Grundregeln einer menschlichen Zukunft. Der Soziologe Walter Hollstein faßt das Selbstverständnis des neuen Mannes so zusammen: »Nicht Herrscher, aber kräftig.«

Wie kräftig der neue Mann Jesus hinlangen konnte, zeigt seine Abrechnung mit den Pharisäern und Theologen:

> Sie selber tun gar nicht, was sie lehren.
> Sie schnüren schwere Lasten zusammen und laden sie den Menschen auf die Schultern, aber sie selbst machen keinen Finger krumm, um sie zu tragen... Alles, was sie tun, tun sie, um von den Leuten gesehen zu werden... Sie haben es gern, wenn man sie... als »hochwürdige Lehrer« anredet... Wehe euch Gesetzeslehrern und Pharisäern! Ihr Scheinheiligen! Ihr versperrt den Zugang zur neuen Welt Gottes vor den Menschen. Ihr selbst kommt nicht hinein, und ihr hindert alle, die hineinwollen. (Mt, aus Kapitel 2.3)

Der Meister aus Nazaret wird noch deutlicher, damit die Angst, mit der bloße Buchstaben-Religion die Seele fesselt, sichtbar wird:

> Weh' euch! Ihr wollt andere führen und seid selbst blind... Ihr Scheinheiligen! Ihr gebt Gott den Zehnten..., aber um die entscheidenden Forderungen seines Gesetzes – Gerechtigkeit, Barmherzigkeit und Treue – kümmert ihr euch nicht... Kümmert euch zuerst um die innere Reinheit, dann ist alles äußere rein. Wehe euch Gesetzeslehrern und Pharisäern! Ihr seid wie weiß gestrichene Gräber, die äußerlich zwar schön aussehen, aber drinnen ist nichts als Würmer und Knochen. So seid ihr: Von außen hält man euch für fromm, innerlich aber steckt ihr voller Heuchelei und Schlechtigkeit. (Mt, aus Kapitel 23)

Zahllose Menschen, Enttäuschte und Gedemütigte, Ausgegrenzte und Hinausgeworfene, vor allem aber Frauen empfinden gegenüber der heutigen Männerkirche genau das, was Jesus vor 2000 Jahren an der Männerkirche kritisiert hat. Welch harmloses und unverbindliches Gesäusel ist die heutige Kritik an der Kirche gegenüber der Abrechnung Jesu!

»Ihr habt aus Gott einen Gott der Toten gemacht« (Mk 12,27), schleudert Jesus den Theologen entgegen. Wie aktuell, wenn wir an viele Gottesdienste denken, in denen »Mumienverehrung« (Bischof Franz Kamphaus) stattfindet, aber kein neues Leben wächst. Gott aber will leben, und er will keine Hirten, die *nicht* die Kranken heilen, *nicht* die Traurigen trösten und *nicht* die Schwachen stärken, sondern nur die Starken in der bürgerlichen Wohlanständigkeit bestätigen. Die Kirche beruhigt, wo sie im Namen Jesu beunruhigen müßte, sie steht fast immer auf seiten der Mehrheit statt wie Jesus auf seiten der Minderheiten, sie sucht ewig faule Kompromisse, wo sie eindeutig Ja oder Nein sagen müßte. Eugen Drewermann über die saft- und kraftlosen Anpassungs- und Service-Kirchen von heute: »Es gibt nicht gleichzeitig die Rückgratverkrümmung *und* die Geradheit des Herzens. Es gibt nicht gleichzeitig die allseitige Wendigkeit des Herzens und Windigkeit des Denkens und Verhaltens und das Geradeaus einer festen Haltung und Entscheidung. *Sie* aber will Jesus.«

Jesus vereinte weibliche und männliche Seinsweisen. Nur-weiblich wäre weibisch. Nur-männlich wäre herrisch. Jesus ist weder das eine noch das andere. Das aufregend Neue an ihm ist die Integration von weiblich und männlich. Das macht den »wahren Menschen« aus. Wer sich als Mann seiner Weiblichkeit – seiner verdrängten Seelenanteile – bewußt wird, vollzieht in seinem Leben eine Wandlung. Kennzeichen einer typisch weiblichen Lebensweise: gewaltlos, sanft, pflegend, haushaltend, organisch, ehrfürchtig, qualitätsorientiert. Alle treffen auf Jesus zu. Jesus war männlich genug, dieses Weibliche in sich zu entwickeln.

Kennzeichen einer typisch männlichen Lebensweise: gewalttätig, brutal, ausbeutend, verschwenderisch, mechanisch, ehrgeizig, auf Quantität aus. Diese Kennzeichen treffen alle nicht auf Jesus zu.

Um Mißverständnissen vorzubeugen:

Diese Typisierung ist natürlich keine soziologische Einteilung in *die* Männer und *die* Frauen, sondern eine psychologische Typisierung für *das* Männliche und *das* Weibliche in Männern *und* Frauen. Nur deshalb können die weiblichen Kriterien auf den Mann Jesus übertragen werden.

Dieser Jesus ist den meisten Menschen unbekannt. Bei einer Neuentdeckung fragen Männer oft und zu Recht: Was bringt mir das? Lohnt es, sich von Jesus zu einer eigenen neuen Lebensweise inspirieren zu lassen?

Männer meinen, sie seien frei und bräuchten gar keine Inspiration zur Befreiung. Frauenbefreiung? Wenn es unbedingt sein muß! Männerbefreiung? Nicht nötig!

Eine geschwisterliche Kirche wird es aber ohne Männerbefreiung nicht geben können – so wenig wie es eine partnerschaftliche Ehe ohne Emanzipation des Mannes geben kann. Wenn es Gottes Geist ist, der das Weibliche in Gott repräsentiert, dann ist die Männerkirche so verknöchert, institutionalisiert und leblos, weil ihr das Weibliche, der Geist, fehlt. Wie in vielen Männern in der Kirche, so sieht es auch oft in Männern außerhalb der Kirchen aus. Sie werden für emanzipierte Frauen langweilig, weil sie in Gefahr sind, geist- und leblos zu werden.

Wie geist- und leblos Männer sein können, haben sie mehrere Jahrtausende dadurch bewiesen, daß sie ihre Vaterrolle kaum annahmen. Vater- und Muttersein ist eine der größten Aufgaben, die ein Mensch auf diesem Planeten übernehmen kann. Auch heute verstehen die meisten Männer ihr Vaterwerden und ihr Vatersein nicht als wichtigen Beruf. Hände, welche die Wiegen bewegen, bewegen die Welt, wird gesagt. Dies ist richtig. Aber es ist einfach albern zu meinen, Vaterhände könnten keine Wiege bewegen.

Die alten Väter sterben aus. Einige junge Väter sind schon neue Väter, und viele neue Söhne orientieren sich an weiblichen Werten, sind interessiert an ihrer Anima-Entwicklung.

Neue Väter fühlen zusammen mit der Partnerin und sagen es auch: »Wir sind schwanger. Unser Kind erwarten wir zu zweit!« Immer mehr Kinder gebären neue Väter.

Auch die neue Eva ist im Werden. Klug der Adam, der es zeitig fühlt. Nur ein gewandelter Adam wird einer gewandelten Eva gerecht. Adam, sei offen! Sei achtsam und sensitiv! Eine Frau sagte es einmal so: »Ich wünsche mir einen Begleiter, einen Inspirator, einen Mann, der in sich unabhängig, sich wesenstreu ist, damit eine fruchtbare Spannung entstehen kann.«

Die Orientierung des Mannes an Jesus, dem neuen Mann, wäre *die* entscheidende Revolution der Weltgeschichte. Nichts ist so gesellschaftsverändernd wie ein sich veränderndes Bewußtsein. Es wirkt nicht von heute auf morgen. Aber es wirkt langfristig und subversiv.

Fünftes Kapitel
Jesus und die Kinder

»Wer mich sucht, wird mich finden in Kindern, denn dort werde ich offenbar sein.«

(Ein Jesus-Wort, überliefert vom Kirchenvater Hyppolit)

Das Patriarchat ist nicht nur frauenfeindlich, es ist auch kinderfeindlich – oft mit Unterstützung von Frauen, die ihre Kinder zur Anpassung dressieren und vieles von dem, was ihnen ihre Männer antun, ihren Kindern weitergeben. Kinder sind noch schwächer als schwache Erwachsene. Am schwächsten sind die Ungeborenen. Kinder sind die größte diskriminierte Minderheit der Welt. In der Bundesrepublik werden pro Jahr 250 000 Kinder abgetrieben, 95 000 sind von Scheidungen betroffen, 1,3 Millionen Kinder leben mit Alleinerziehenden und Millionen Kinder praktisch vaterlos. Fast alle Kinder leiden an der Schule. Hunderttausende Kinder werden geschlagen – jedes Jahr werden mehr als 600 Kinder von ihren Eltern totgeschlagen. Etwa zwei Millionen Kinder leben in Arbeitslosenfamilien. 50 000 Kinder verunglücken jedes Jahr im Straßenverkehr. Jedes fünfte Kind leidet unter Allergien. Jedes Jahr bekommen 3000 Kinder Krebs. Solange viele Erwachsene in Kindern lediglich »noch nicht Erwachsene« sehen, können sich Kinder in ihrer Menschenwürde nicht akzeptiert fühlen und werden zum fremdbestimmten Erziehungsobjekt. Der Artikel 1 des Grundgesetzes »Die Würde des Menschen ist unantastbar«, wird Kindern gegenüber ständig verletzt.

Es gibt im Patriarchat nicht nur das von Männern gemalte »Feindbild Frau«, sondern auch das von Männern *und* Frauen gemeinsam gemalte »Feindbild Kind«. Jesus aber war ein Kindernarr! Er hat Männern und Frauen die Kinder als Vorbild empfohlen.

Kinder deuten auf ihr Herz, wenn sie auf sich zeigen. Ihr wichtigstes Empfindungsorgan ist das Herz – wie bei Jesus. Er war ein Gefühlstyp, wie es die meisten Kinder sind. Von nichts träumte dieser erste neue Mann mehr als von der Weissagung des Propheten Joel: »Die jungen Leute werden Visionen haben und die Alten Träume.«

Nach Jesus ist echt, was Kinder verstehen. »Echt« ist ein starkes Wort in der heutigen Kinder- und Jugendlichensprache. Sie suchen bei vielen unechten Vorbildern und zweifelhaften Angeboten nach dem Echten und fragen auch ständig: »Echt?« Jesu Echtheitskriterium ist immer das *Einfache*, das Logische, nie das »Theo«-logische und das Zwiespältige. Zum Glück der Menschheit war Jesus kein Theologe und kein Priester, sondern ein echter Gott-Sucher, ein ein-facher Mensch und deshalb ein göttlicher Mensch.

Gott als Kind!

Als sich Jesu Jünger darüber stritten, wer von ihnen der Größte sei, demonstrierte ihnen Jesus, wie erwähnt, seine Kindertheologie auf umwerfend einfache und einleuchtende Art:

> »Wer der erste sein will, der muß sich allen anderen unterordnen und ihnen dienen.« Er winkte ein Kind heran, stellte es in ihre Mitte, nahm es in seine Arme und sagte: »Wer in meinem Namen solch ein Kind aufnimmt, der nimmt mich auf. Und wer mich aufnimmt, der nimmt nicht nur mich auf, sondern gleichzeitig den, der mich gesandt hat.« (Mk 9,35–37)

Das ist für mich eines der schönsten Worte im Neuen Testament. Vor 2000 Jahren waren diese Worte in Männerohren eine unerhörte Provokation: Jesus hat nicht den Gehorsam des Kindes gegenüber Erwachsenen gelobt, sondern er hat sich mit den unterdrückten Kindern solidarisiert. Mehr noch: Er hat Kinder mit Gott gleichgesetzt.

Mit unserer sechsjährigen Caren Maria spielte ich vor dem Zubettgehen ein Spiel. Ich glaube, sie hätte geschummelt. Sie aber stritt es ab. Als sie merkte, daß ich immer noch zweifelte, sagte sie: »Ich hab' nicht geschummelt. Hör auf dein Herz, Papi, und frag den lieben Gott.«

Dies spiegelt die Essenz der gesamten »Theologie« Jesu in einem einzigen Satz aus Kindermund. Kein Theologe mit langem Studium vermag uns das zu sagen, was ein sechsjähriges Kind spontan und natürlich sagen kann, weil es spontan und natürlich empfindet. Das ist Geist vom Geiste Jesu. Was könnten wir lernen für unser Leben, wenn wir lernten, bei unseren Kindern in die Schule zu gehen!

Unsere Kinder helfen mir jeden Tag neu, das Lernen nicht zu verlernen! Wenn Erwachsene heute anfangen, sich auf die Seite der Kinder zu stellen, dann steht es nicht nur besser als früher um die Kinder, sondern auch besser um die Erwachsenen.

Ich kann nur hoffen, daß Religionslehrer das natürliche religiöse Empfinden unserer Tochter nicht später einmal wegtheologisieren. Die Gefahr ist riesig. Jedes Kind empfindet zutiefst religiös, bis die Gesetzeslehrer es verschulen. Jesus preist in seiner Bergpredigt die im Herzen Unverdorbenen selig und warnt ständig vor den Theologen. Er ließ sich durch keinen Religionsunterricht stören in seinem natürlichen Gottvertrauen, das ihm sagte: Es gibt zwar Böses in jedem Menschen, aber es gibt keine bösen Menschen. Die Sonne scheint auf alle. Die Schriftgelehrten aller Zeiten sind blind für das Göttliche in jedem Menschen. Bisher haben sie immer Gottes unendliche Liebe in kleinkarierte Angst ummünzen wollen. Sie sagen: »Gott ja, *aber* nicht für Sünder, nicht am Sabbat, nicht für unmündige Kinder, nicht für Frauen... aber, aber, aber.« Gott jedoch liebt ohne Wenn und Aber, wie die Kinder. Diese »primitive« Kindertheologie Jesu ist studierten Theologen und Kirchenfürsten schon immer ein Ärgernis gewesen. Der Impuls, der von Jesus vor 2000 Jahren ausging, war tatsächlich das Gegenteil dessen, was die Kirche bis heute daraus gemacht hat. Die »Unwissenden«, die Kinder und die kindlich (nicht kindisch) Gebliebenen, wissen alles, weil sie Gott fühlen. Die »Klugen« und »Gelehrten« hingegen können gar nichts wissen von Gott, weil sie mit Buchstaben ihr Herz zugepflastert haben. Wir müssen mit Jesus noch einmal und ganz neu anfangen. Und zwar über seine Kindertheologie, die wir von Kindern lernen können. Ist es nicht erschütternd, bei sich selbst immer wieder den verschlossenen Himmel zu erleben, während jedes Kind versteht und weiß, daß Gott seine Sonne scheinen läßt auf *alle*? Jesus: »Ich aber sage euch: Liebet eure Feinde und betet für die, die euch verfolgen. So erweist ihr euch als Kinder eures Vaters im Himmel. Denn er läßt die Sonne scheinen auf böse wie auf gute Menschen und läßt es regnen auf *alle*, ob sie ihn ehren oder verachten.« »Primitive« Kinder sehen es genauso wie Jesus.

> Einige Leute brachten ihre Kinder zu Jesus, damit er ihnen die Hände auflegte, aber die Jünger wiesen sie ab. Als Jesus es bemerkte, wurde er zornig und sagte zu seinen Jüngern: »Laßt die Kinder doch zu mir kommen und hindert sie nicht, denn gerade für Menschen wie sie steht die neue Welt Gottes offen. Täuscht euch nicht: Wer sich der Liebe Gottes nicht wie ein Kind öffnet, wird sie niemals erfahren.« Dann nahm er die Kinder in die Arme, legte ihnen die Hände auf und segnete sie. (Mk 10,13–16)

Kleine Kinder können noch nichts verdienen. Religion ist nach Jesus niemals Verdienst, sondern Vertrauen. Alles, was er sagt und tut, dreht sich immer wieder um kindliches Vertrauen zum liebenden Vater. Nur in kindlichem Vertrauen finden wir den Weg zu Gott. Die größte Hürde, um auf diesen Weg zu gelangen, ist unser verschulter Verstand. Wo immer ich in Vorträgen auf Jesu kinderleichte Theologie hinweise, tönt es in den Diskussionen zurück – vor allem aus Theologenmund –: »So einfach ist das nicht.« Jesus hat es aber vorgelebt. Man kann lernen, ihm zu vertrauen, wenn man sich ihm öffnet, so wie er sich seinem Vater geöffnet hat.

Als ich bei einem Vortrag auf Jesu kinderleichte Theologie des Vertrauens hinwies, meinte eine Frau in der Diskussion empört: »Dann können Sie ja gleich sagen: Jesus hat gemeint: ›Don't worry, be happy.‹« Selbstverständlich hat er das gemeint, freilich in einem sehr tiefen Sinne. Jesus wollte, daß wir *glücklich* werden durch tieferes Vertrauen. Es muß 2000 Jahre lang sehr viel falsch gewesen sein in Kirche und Theologie, wenn die meisten Christen das Evangelium Jesu noch immer eher als Drohbotschaft denn als beglückende Frohbotschaft verstehen. Jesus hat die Frohe Botschaft des Reiches Gottes verkündet, aber bekanntlich kam die Kirche.

»Werdet wie die Kinder!« Was Jesus damit konkret gemeint hat, sagt er in der Bergpredigt mit seinen prägnanten Aufforderungen: »Sorget nicht«, »habt keine Angst«, und »klopft an«. Die moderne Psychologie nennt das, was Jesus fordert: »Urvertrauen« und »Urgeborgenheit«. Wir wissen heute, wie prägend die Atmosphäre eines umfassenden Vertrauens, die Nestwärme, für ein Kind ist. So werden die positiven Lebenskräfte und die seelische Dynamik eines Menschen erweckt. Hier leuchten Jesu neues Menschenbild des Vertrauens und sein Gottesbild des liebenden Vaters klar durch. Sein heiles Menschenbild hängt mit seinem heilen Gottesbild zusammen. Natürlich ist die Welt und sind die Menschen nicht heil. Aber es muß ja nicht ewig so bleiben, wie es ist. Selbstzweifel und Denkfaulheit, Konzentrationsschwäche und verdrängte Ängste hindern uns oft am notwendigen Lernen. »Man kann in dieser Welt, wie sie ist, nur dann weiterleben, wenn man zutiefst glaubt, daß sie nicht so bleibt, sondern werden wird, wie sie sein soll.« (Carl Friedrich von Weizsäcker)

Die meisten Eltern wollen aber nicht »werden wie Kinder«, sondern eher, daß ihre Kinder werden wie sie. Deshalb dressieren sie häufig ihre Kinder, wie Affen im Zirkus dressiert werden. »Man« gewöhnt Kindern das Entsetzen ab über das Leid, das Menschen, Tieren und Pflanzen in unserer Umgebung angetan wird, und erklärt ihnen dieses Leid als »natürlich«.

Auf einem Kirchentag sprach mich eine junge Mutter auf eine »Report«-Sendung an, die sie zusammen mit ihrer kleinen Tochter gesehen hatte: »Meine Tochter hat geweint, als Sie sagten, daß es auf der Welt mehr Sprengstoff als Nahrungsmittel gibt.« Ich hatte das in vielen Sendungen gesagt, aber nie erfahren, daß dabei ein Erwachsener geweint hätte. Doch das Kind hat natürlich und menschlich auf dieses entsetzliche Verbrechen, das wir Erwachsenen zu verantworten haben, reagiert – und geweint. Wir weinen ebensowenig, wenn wir an die trostlose Zukunft unserer Kinder denken. Wahrscheinlich deshalb, weil wir nur noch 20, 30 oder 40 Jahre zu leben haben. Kinder haben viel Grund zu weinen, wenn sie an die Zukunft denken, die wir ihnen hinterlassen.

In den Augen vieler Erwachsener sind Kinder erwachsen, wenn sie nicht mehr weinen und erschrecken können über die Schrecken auf der Welt. Die größte Sünde aber ist, daß wir unseren Kindern mit dem Empfinden über das Leid auch Gott austreiben und an seine Stelle »richtige« Autoritäten setzen, denen sie »gehorsam« sein müssen: Eltern und Lehrer an erster Stelle, aber auch Politiker, Kirchen und Geld. Mit diesem Götzendienst, der Gehorsam verlangt, schwindet der Gott, den unsere Kinder über ihr großes Herz als Liebe empfunden haben – genauso wie Jesus. Eltern, die versuchen, ihre Kinder dem »wirklichen Leben« anzupassen, treiben ihnen in Wirklichkeit das Urvertrauen in den liebenden Gott aus.

Wer in erschütternden Berichten einmal nachgelesen hat, daß etwa jedes fünfte kleine Mädchen in der Bundesrepublik – also Hunderttausende – und gelegentlich auch kleine Jungen – also viele Tausende – von Erwachsenen und ihren älteren Geschwistern sexuell mißbraucht und dadurch meist für ihr ganzes Leben seelisch verkrüppelt werden, der ahnt, was Jesus mit diesem schrecklichen Wort gemeint hat. Ich bin sicher, daß Jesus heute auch die 250 000 jährlich in der Bundesrepublik abgetriebenen Kinder miteinbeziehen würde in seine Liebe für die Schwachen. Feministische Theologinnen tun dies noch kaum. Hanna Wolff, Theologin und Therapeutin, ist die große Ausnahme.

Wer ist schwächer als die Ungeborenen? Sie können nicht einmal schreien, wenn sie getötet werden. Könnten sie dies, wir hätten ihnen gegenüber ein völlig anderes Empfinden. Aber Liebe und Barmherzigkeit im Geiste Jesu darf nicht von der äußeren Größe des zu Beschützenden abhängen. Kleine Kinder, auch die Ungeborenen, haben eine große Seele. Alles was wächst, hat Seele.

Leben ist Leben von Anfang an. Das ist heute keine Frage des Glaubens mehr, sondern eine Frage des Wissens, des Wissenwollens und des Fühlens. Jeder von uns war Mensch von Anfang an. Wissenschaftler streiten allenfalls noch darüber, was »von Anfang an« heißt: vom ersten oder vom 15. Tag an? Wir haben nicht das Recht, Kinder zu töten. Sie aber haben das Recht, bei uns zu wohnen. Sie sind hohe Gäste, die uns die Ehre schenken, sie beschützen zu dürfen. Geborene und ungeborene Kinder sind – wie jeder Mensch – auch Geistwesen. »Ein Geistmensch hat dir sich anvertraut, dem du allein den Leib bereiten konntest, als Wohnstatt, die ihm auf der Erde dienen soll. Er brachte seine Schätze selber mit und nimmt sie nicht von dir.« (Bo Yin Ra)

Kinder sind neugierig, phantasievoll, sie können uns wichtige Wahrheiten vermitteln. Wir müssen es nur sehen und hören.

Als wir mit unserer jüngsten Tochter schwanger gingen, hatte ich diesen Traum: Zusammen mit meiner Frau schiebe ich einen Kinderwagen bergauf. Ich sehe das Kind im Wagen und frage es: »Welchen Namen willst du bei deiner Taufe?« Und unser Kind sagt zu mir: »Nenn mich einfach: ›Lieb mich‹.«

Unser Kind hatte mir damit schon sehr früh das Schlüsselwort für mein Vatersein geschenkt. Jahre später stürzt dasselbe Kind morgens um sieben Uhr ins Schlafzimmer und ruft: »Papi, ich brauch' Liebe!« und ist eine Sekunde später unter meiner Decke. Lernen von Kindern; es gibt nichts Wichtigeres im Leben von Erwachsenen, sagt Jesus. Wer sich auf Kinder einläßt, macht die beglückende Erfahrung, daß sie unseren inneren Widerstand mobilisieren gegen Gedanken, die wir nicht fühlen dürfen, und gegen Gefühle, die wir nicht denken wollen.

In meinem Buch »Liebe ist möglich« habe ich noch die furchtbaren Sätze geschrieben: »Wir stehen unseren kleinen Kindern gegenüber wie ein Bildhauer dem rohen Stein. Natürliche Erziehung ist Kunst wie ein gelungenes Bildhauerwerk.« Dahinter steckten noch die Allmachts-Phantasien einer dogmatisierten Pädagogik. Heute denke ich, daß Kinder gerade kein Rohmaterial sind, das wir nach unserem Bilde formen sollten. Kinder sind eher wie Spiegel: Wenn wir ihnen helfen, sie selbst zu werden, sehen wir in ihnen unseren eigenen Weg zu humanem Verhalten deutlicher.

Kinder wachsen mühelos, falls die »Erwachsenen« sie wachsen lassen. Diesen Weg der Mühelosigkeit empfiehlt Jesus, wenn er sagt: »Werdet wie Kinder!« Zum Ziel der eigenen Bestimmung führt der »Weg der Mühelosigkeit – oder mühen sich Kinder ab, wenn sie wachsen?« (Bernhard Müller-Elmau)

Wenn der Sämann gesät hat, muß er geduldig warten auf die Reife. Er verhindert das Reifen und Wachsen des Samens, wenn er zwischendurch die Erde aufgräbt, um nach dem Wachsen des Samens zu schauen. Zum Glück lernen die meisten Kinder laufen, bevor ihnen ihre Eltern vorschreiben können, wie sie laufen lernen sollten. Und genau deshalb lernen Kinder nicht nur gut laufen, sondern vertrauen auch den natürlichen Wachstumsprozessen. Das Vertrauen der Eltern ist der Boden, auf dem das Selbstvertrauen der Kinder gedeihen kann. Welch wunderbare Menschen könnten viele Kinder werden, wenn nicht ständig ungeduldige Eltern, ängstliche Mütter und unreife Väter das natürlich-seelische Reifen und Werden ihrer Kinder stören würden. Das Problem der meisten Kinder sind ihre Eltern. Und deren Problem waren wieder *ihre* Eltern. Nichts ist so wichtig, wie die Teufelskreise sogenannter Erziehung zu durchbrechen. »Kinder und Leben dürfen nicht ständig aufgezogen werden. Man muß sie auch gehen lassen.« (Jean Paul)

Mißtrauen zerstört und hindert natürliches Wachsen, Entfalten und Reifen eines Kindes. Vertrauen fördert das natürliche Reifen. Ich kenne Eltern, die von morgens bis abends auf ihre Kinder einreden. Wir hatten Besuch von Freunden. Vater und Mutter sagten in fünf Minuten zu ihren Kindern zwölfmal: »Das macht *man* nicht.« Wie sollen aus diesen mißhandelten Kindern je erwachsene Menschen mit aufrechtem Gang werden? Eltern übertragen ständig ihre eigene Unsicherheit, ihre Angst, ihren Sauberkeits- und Ordnungswahn auf ihre Kinder. Das nennt man noch immer Erziehung. In Wirklichkeit erziehen sie ihre Kinder zu Neurotikern, indem sie ihnen ihre eigenen Neurosen einimpfen. Das jesuanische Gleichnis vom Sämann, dessen wesentliche Tugend die Geduld ist, ist eine der wichtigsten Geschichten für moderne Erziehung. Jesus war seiner Zeit weit voraus. Geduldiges Abwarten heißt jedoch nicht passive Nichttätigkeit. Vertrauen ist nichts gleichgültig Un-Tätiges. Im Gegenteil: Vertrauen ist schöpferisches Tun, bewußtes Handeln im richtigen Augenblick.

> Dann sagte Jesus: »Mit der neuen Welt Gottes ist es wie mit der Saat und dem Bauern: Hat der Bauer gesät, so geht er nach Hause, legt sich nachts schlafen, steht morgens wieder auf – und das viele Tage lang. Inzwischen geht die Saat auf und wächst; wie, das versteht der Bauer selber nicht. Ganz von selbst läßt der Boden die Pflanzen wachsen und Frucht bringen. Zuerst kommen die Halme, dann bilden sich die Ähren, und schließlich füllen sie sich mit Körnern.« (Mk 4,26–28)

Warum trauen die meisten Eltern Gott oder wenigstens der Natur nicht zu, daß es bessere Erzieher gibt, als sie es je sein können? Unsere 17jährige Christiane hat ein weit natürlicheres Verhältnis zu jungen Männern, als ich es in diesem Alter zu jungen Mädchen hatte. Und zwar deshalb, weil vor allem meine Frau ihr *alle* Freiheiten läßt und ihr traut. Ich tat mich schwer damit, bis ich begriff, daß dies *mein* Problem ist und ich es nicht auf unsere Tochter übertragen darf. Nichts belastet die seelische Entwicklung unserer Kinder mehr als die Ängste der Eltern, das heißt: unser eigenes ungelebtes, unterdrücktes und verdrängtes Leben.

Als Christiane mit ihrer Klasse eine Studienreise nach Rom machte, waren einige Eltern vorher schon sehr in Sorge darüber, ob ihre Jugendlichen »spätestens um elf Uhr abends auch zu Hause« sein würden. Da wollen doch tatsächlich erwachsene Menschen in Baden-Baden darüber befinden, wann junge Erwachsene, die zum erstenmal in Rom sind, zu Bett gehen sollen! Wie »erwachsen« sind eigentlich solche Eltern?

Die Urangst aller Kinder, verlassen zu werden

Der Therapeut Karl Guido Rey erzählt folgende Geschichte: Ratlose Eltern brachten ihren 16jährigen Jungen zum Psychotherapeuten. Der Drogenabhängige hatte gerade einen Selbstmordversuch gemacht. Die aufgebrachten Eltern standen vor einem Rätsel. »Der Bub hat eben kein Ziel«, jammerte der Vater. »Was ist denn Ihr Ziel?« fragte der Therapeut den Vater. Dieser schaute ihn vorwurfsvoll an und meinte, er sei den ganzen Tag beschäftigt und habe keine Zeit, auf so dumme Fragen zu kommen. Und die Mutter fügte nicht ohne Stolz hinzu: »Mein Mann arbeitet soviel, daß er kürzlich seinen ersten Herzinfarkt gehabt hat.« Warum wundern sich diese Eltern über die Drogenabhängigkeit und Ausweglosigkeit ihres Sohnes? Alle Abhängigkeiten, vor allem die unbewußten, übertragen wir auf unsere Kinder.

Die Mütter von zwei 15jährigen Töchtern saßen zusammen. »Glaubst du, ich kann mit meiner Tochter schon mal über Sex reden – wenigstens ganz vorsichtig?« Sagt die andere: »Das würde ich unbedingt tun. Man kann ja wirklich nie genug lernen.« Lernen von Kindern? Ich habe von natürlich gebliebenen Kindern und Jugendlichen sehr viel gelernt in den letzten Jahren. Ich habe ein Leben lang Grund, unseren Kindern dafür dankbar zu sein. Sie haben mich geistig befruchtet. Leben mit Kindern ist ein wunderschönes Spiel des Hin- und Herschenkens.

Viele Eltern können heute mit ihren Kindern nicht mehr singen und erzählen, beten und spielen. Der Fernsehapparat gilt als billiges Kindermädchen. Das bundesdeutsche Durchschnittskind sieht jede Woche über 20 Morde im Fernsehen! Kulturelle Stummheit und seelische Verwahrlosung werden so programmiert – auch und gerade bei reichen Eltern, vor allem aber von terminbesessenen Vätern.

Die neurotische Veränderung unserer Kinder ist weit fortgeschritten. Sie leiden an einer Überversorgung mit unwirklicher Fernseherfahrung und an einer Unterversorgung mit direkten sozialen Kontakten. Vereinsamte und immer weniger sich verstehende Eltern – das sind ja weit mehr, als sich scheiden lassen – übertragen ihre Neurosen auf ihre Kinder. Wenn immer mehr Erwachsene sich verlassen, dann müssen immer mehr Kinder Angst davor haben, verlassen zu werden. Dies ist die Urangst aller Kinder. Sie war noch nie so begründet wie heute.

Kinder, die nicht geliebt werden, werden meist Erwachsene, die nicht lieben können. Wer nicht lieben kann, wird zuerst zynisch, dann gleichgültig und zuletzt gehässig.

Ich habe in den Konflikten unserer Ehe manchmal die Reaktion unserer Kinder beobachtet. Das war mir und uns eine große Hilfe bei der Konfliktlösung. Die Konflikte zwischen Eltern bleiben Kindern nicht verborgen. Der Psychoanalytiker Horst-Eberhard Richter hat ein Berufsleben lang mit seelisch gestörten Kindern gearbeitet und kommt zum Schluß: »Kinder brechen nicht zusammen, wenn Eltern ihre eigenen Konflikte, Schwächen und Sorgen offen eingestehen. Eltern, die hingegen ihr Elend verstecken, dafür von den Kindern verlangen, daß diese sie durch Demonstration unbekümmerten Lebensmutes von den eigenen Sorgen erlösen, bürden diesen eine kaum erträgliche Last auf und machen wahrscheinlich, daß die Kinder ähnlich scheitern werden, wie sie selbst in Wirklichkeit gescheitert sind.« Dies kann nur verstehen, wer die entsprechende emotionale Bereitschaft, Offenheit und Lernfähigkeit von Kindern neu gelernt hat.

Ich kenne keinen besseren Lehrmeister dafür als Jesus. Er ist eine große Hilfe beim Aufdecken der unbewußten Ängste. Ein wichtigeres Kapital als Vertrauen können wir unseren Kindern gar nicht geben. Ein bißchen Vertrauen, halbes Vertrauen oder »Vertrauen ist gut, Kontrolle ist besser« bewirken nur wieder die alten halben Freiheiten, die gar keine sind. Jesus unzweideutig und für *alle* Lebensbereiche: »Habt doch Vertrauen!«

Der unbewußte Einfluß der Eltern auf ihr Kind ist so groß, daß einem angst und bange werden könnte. »Kinder reagieren viel stärker darauf, wie ihre Eltern *sind*, als darauf, was die Eltern ihnen *sagen*« (Horst Eberhard Richter). Therapeuten wissen, daß Störungen der Kinder meistens auf Störungen der Eltern zurückzuführen sind. Ängste und Selbstzweifel, Liebe oder Haß zwischen Eltern bleiben Kindern nicht verborgen – sie wissen es oft nicht, aber sie spüren es. Es ist immer das Klima und die Atmosphäre in einer Familie, die darüber entscheiden, ob Kinder voller Vertrauen oder voller Mißtrauen aufwachsen.

Als unsere Caren Maria zweieinhalb Jahre alt war, konnte sie nachts immer noch nicht durchschlafen. Eine große Belastung für die ganze Familie. Was ist mit diesem Kind los? dachte ich immer wieder. Die entscheidende Frage: Was ist mit diesem Vater los? stellte ich mir nicht. Dann ging ich mit ihr zu einem anthroposophisch orientierten Arzt. Er griff nicht zum Rezeptblock, sondern unterhielt sich mit mir. Das Kind auf meinem Schoß war noch immer unruhig. Die alles entscheidende Frage des Arztes an mich: »Wie sieht eigentlich Ihr Terminkalender aus?« In diesem Augenblick fiel es mir wie Schuppen von den Augen und mir wurde klar: *Das ist das Problem. Ich selbst bin es!* Ich hatte fast Abend für Abend Vorträge über den Frieden gehalten und den Frieden in meiner eigenen Familie mißachtet! Mich hatte die typische Politiker- und Managerkrankheit erwischt. Ich hatte es ja »so gut gemeint«. In Wahrheit hatte ich vom Frieden, der von innen nach außen wirken muß, wenn er wirklich wirken soll, noch nicht viel begriffen. Minuten später war das Kind, das zweieinhalb Jahre so schlecht schlafen konnte, auf meinem Schoß eingeschlafen! Zu Hause strich ich noch am selben Abend zusammen mit meiner Frau meinen Terminkalender radikal zusammen. Von derselben Nacht an konnte unser Kind besser schlafen. Ich hatte ihm großes Leid zugefügt und die ganze Familie durcheinandergebracht – dem Kind verdanke ich lebensverändernde wichtige Einsichten.

Auch heute als Sechsjährige will Caren Maria noch bei mir schlafen. Wenn ich unser Kind beim Schlafen beobachte, fällt mir dieses Luther-Wort ein: »Siehst du ein solches Kind, so möchtest du meinen, Gott habe seidene Finger gehabt, als er den Menschen schuf.«

Was ich am meisten lernen mußte:
– Kinder haben das Recht, zu ihren Eltern »Nein!« zu sagen. Dieses »Nein« gegenüber den »Großen« ist in bestimmten Entwicklungsphasen das wichtigste Wort und eine große Leistung der Kleinen gegenüber den Eltern und älteren Geschwistern.
– Kinder haben das Recht, ihren Gefühlen mehr zu vertrauen als den Argumenten der Erwachsenen.
– Wer sich seinen Kindern zuwendet, von dem wenden sie sich nicht mehr ab.
– Jede Stunde, die ich den Kindern gewidmet habe, wird mir vielfach zurückgeschenkt.
– Es ist ein unveräußerliches Menschenrecht eines jeden Kindes auf dieser Welt, mehr auf seine innere Selbstsicherheit zu vertrauen als auf äußere »Autoritäten«.

Jesus von Nazaret ist auch deshalb der erste neue Mann, weil er der erste Anwalt der Kinder und ihrer fundamentalen Rechte ist.

Ein Ministerium für Kinder!

Das wichtigste Ministerium in einer zukunftsorientierten Gesellschaft haben wir immer noch nicht: ein Kinder-Ministerium mit einer starken, ganzheitlich orientierten Persönlichkeit an der Spitze und am Kabinettstisch. Wir hätten eine wesentlich andere, eine ganz neue Politik, wenn die Rechte und Bedürfnisse der Kinder immer mitbedacht würden. Die Schwächsten haben noch immer keine starke Lobby!

Warum sind viele Eltern ewig besserwisserisch, ständig nörgelnd, manchmal physisch und oft psychisch brutal, häufig dumm und unbewußt gegenüber ihren Kindern?

Warum werden Kinder im angeblich aufgeklärten 20. Jahrhundert, das einmal das »Jahrhundert des Kindes« werden sollte, millionenfach entwürdigend schikaniert und zerstörerisch bevormundet?

Vor allem deshalb, weil Eltern häufig ihre Lebensängste »Verantwortung« nennen. Mit keinem anderen Wort wird in der Erziehung so viel Schindluder getrieben wie mit diesem. Diese elterliche »Verantwortung« ist in Wahrheit eine Folter für die Seelen kleiner und großer Kinder. Elterliche »Verantwortung« ist in den allermeisten Fällen auch am Ende des 20. Jahrhunderts nicht elterliche Liebe, sondern »elterliche Zucht«, gespeist aus elterlicher Angst.

Gerade schwache Eltern üben gegenüber Kindern mit Anlagen zur starken und selbstbewußten Persönlichkeit oft so lange und brutal ihre Tyrannei aus, bis sie ihre Kinder wirklich »klein« gemacht haben. Das alles geschieht natürlich unbewußt und von Eltern, die »es gut meinen« mit ihren Kindern. Nichts aber hindert die Reifung zur Persönlichkeit mehr als das unterdrückende Regime »gutmeinender« Eltern. Die Maximen einer schöpferischen Erziehung sind: Mein Kind ist nicht mein Eigentum, sondern ein Geschenk; es hat seine eigenen Geheimnisse, die ich zu respektieren habe. Erziehung ist das Gegenteil von Gängelei und Behinderung. Erziehung heißt lieben, helfen, anregen.

Kahlil Gibran hat mit den folgenden Versen die Pädagogik Jesu verstanden:

»Eure Kinder sind nicht *Eure* Kinder.
Es sind die Söhne und Töchter von des Lebens Verlangen nach sich selber.
Sie kommen durch euch, doch nicht von euch;
Und sind sie auch bei euch, so gehören sie euch doch nicht.
Ihr dürft ihnen eure Liebe geben, doch nicht eure Gedanken,
Denn sie haben ihre eignen Gedanken.
Ihr dürft ihren Leib behausen, doch nicht ihre Seele,
Denn ihre Seele wohnt im Hause von morgen,
    das ihr nicht zu betreten vermöget,
    selbst nicht in euren Träumen.
Ihr dürft danach streben, ihnen gleich zu werden,
    doch suchet nicht, sie euch gleich zu machen.
Denn das Leben läuft nicht rückwärts, noch verweilt es beim Gestern.
Ihr seid die Bogen, von denen eure Kinder
als lebende Pfeile entsandt werden.«

Für eine neue Welt im Sinne Jesu ist ein humaneres, bewußteres Verhältnis Vater-Mutter-Kind Voraussetzung. Das alles entscheidende Vertrauen lernen Kinder zuerst und zutiefst von Mutter und Vater – oder auch nicht. Nur eine neue Generation mit mehr Urvertrauen kann die Gefahr der Selbstvernichtung für die Menschheit überwinden. Dieses Urvertrauen zum Leben wäre die geistige Atombombe, mit der allein die materielle Atombombe abgeschafft werden kann. Erziehung zu Vertrauen – Jesu Ur-Anliegen –, Vertrauen zwischen Mutter-Vater-Kind ist nicht nur Bedingung für persönliches Glück, sondern auch Voraussetzung für eine menschliche Politik.

Vielleicht sollten wir nicht länger von Erziehung, sondern von Beziehung reden. Die Qualität der inneren Beziehungen von Vater-Mutter-Kindern in einer Gesellschaft ist Voraussetzung für qualitative Beziehungen in einer Gesellschaft überhaupt.

Wenn Kinder einmal vollwertige und reife Erwachsene

werden sollen, brauchen sie Vollwert-Mütter und – woran es ihnen am meisten mangelt – Vollwert-Väter. Der Mangel an Elternliebe führt bei Kindern zu geringer Selbstliebe und mangelndem Urvertrauen. »Die Wunde der Ungeliebten« (Peter Schellenbaum) schmerzt oft bis zum Lebensende, ja bis in die nächste Generation. Ein Kind also, das geliebt, umarmt und gestreichelt wird, hat lieben, umarmen und streicheln gelernt und kann Liebe für diese Welt empfinden.

Ich habe von unseren Kindern vor allem gelernt, wie unwichtig »wichtige Termine« manchmal sind; ich habe eine größere Gelassenheit und eine entspanntere Einstellung zu meinem Beruf gelernt – und damit Toleranz, Humor und Lebensfreude. Wenn wir von unseren Kindern lernen, verabschieden wir uns auch vom Unfehlbarkeits-Mythos der Erwachsenen. Kinderliebe heißt nicht, Kinder vergöttern, und auch nicht, sich tyrannisieren lassen. Der Konflikt zwischen Erwachsenenlogik und Kinderwirklichkeit wird immer bleiben, aber die Phantasie, die Kinder mir für eine Lösung abverlangen, ist allemal spannender als die Erwachsenen-Ausreden auf sogenannte Sachzwänge. Müssen wir uns von den Sachen immer zwingen lassen? Mir war der Chefredakteurposten einer großen Fernsehanstalt angeboten. Der Intendant hatte mich mit meiner Frau und unserer Tochter zu sich gebeten und uns auch bereits ein Haus gezeigt, in dem wir hätten wohnen können. Ich war hin- und hergerissen. Als aber auf der Heimfahrt unsere damals acht Jahre alte Tochter Christiane stundenlang weinte, weil sie befürchten mußte, durch Umzug ihre Freunde zu verlieren, waren meine Frau und ich uns beim Aussteigen aus dem Auto einig: Absagen! Sachzwänge nicht gelten lassen! Seither war ich unserer Tochter schon oft dankbar dafür, daß sie mir mit ihren Tränen zu einer richtigen Entscheidung verholfen hat.

Viele Probleme, die wir heute haben – die privaten Neurosen und die politischen Gefahren –, sind vor allem das Ergebnis vieler vaterloser Generationen und vieler Müttergenerationen, die ihre Kinder nicht loslassen konnten. Die Aufdeckung von Vater- und Mutterkomplexen ist eine der wichtigsten Leistungen der Psychologie. »Ohne Vater- und Muttermord werden Sie niemals Ihren eigenen Weg finden und gehen können«, hat meine Therapeutin in einer entscheidenden Sitzung zu mir gesagt.

Persönlichkeit kann sich nur entfalten, wenn man in Bewußtheit und freier moralischer Entscheidung den *eigenen* Weg wählt. Wir bleiben infantil, solange wir uns nicht von unserer Elternanpassung befreit haben.

Nur im konkreten Erleben eines tieferen Vertrauens gegenüber *beiden* Eltern wird einmal eine Generation heranwachsen können,
- die reifen kann, ohne in Kriegen töten zu müssen,
- die innerlich wachsen kann, weil sie äußerlich nicht mehr zerstört,
- die weiß, daß einer Umweltzerstörung erst eine Innenweltzerstörung vorausgegangen sein muß,
- die gelernt hat, daß Ungehorsam viel wichtiger sein kann als Gehorsam.

Die Innenweltzerstörung beginnt schon in der Wiege und vorher im Mutterleib vor allem durch sich abwendende Väter. Alles was heute *um* uns zerstört wird, ist vorher *in* uns zerbrochen. Jesu großes Heilmittel: Vertraut wie kleine Kinder ihrer Mutter und ihrem Vater. Es ist dieses kindliche Vertrauen, das uns helfen kann, uns ständig zu erneuern, zu wachsen und zu reifen. Allein das Vertrauen lockert unsere inneren Blockaden, reißt die dicken Mauern um uns herum ein und weicht unsere Herzenshärte auf.

Jesus kann nur deshalb sagen: »Ich mache *alles* neu«, weil er den Gott für *alle* mit seinem großen Kinderherzen gefühlt und diese Entdeckung in sein *ganzes* Tun integriert hat.

Werden wie Kinder!

Den Auftrag, den wir *jetzt* vor uns und vor Gott für unsere Kinder haben, hat Karl Guido Rey sehr schön beschrieben: »Wir dürfen die Kinder weder verpredigen noch verprügeln.

Wir müssen sie lieben und mit Liebe auf ihrem Weg begleiten. Unsere Liebe schützt sie. Wer mit Liebe erzieht, erzieht religiös, ohne nur ein religiöses Wort zu sagen. Liebesworte sind religiöse Worte. Liebe schafft Vertrauen. Und Vertrauen schafft alle Grenzen und übersteigt jede Berechnung. Es macht das Tor zum Göttlichen auf.«

Mit anderen Worten, aber in derselben Intention hat vor 2500 Jahren Lao Tse das Wunder der Menschwerdung beschrieben:

> Der Mensch, wenn er ins Leben tritt,
> erst weich und schwach,
> und wenn er stirbt, so ist er hart und stark.
> Die Pflanzen, wenn sie ins Leben treten,
> sind weich und zart,
> und wenn sie sterben, sind sie dürr und starr!
> Darum sind die Harten und Starken
> Gesellen des Todes,
> die Weichen und Schwachen
> Gesellen des Lebens!

»*Werden*« wie Kinder heißt auch und ganz wesentlich, sich seiner eigenen Kindheit und Jugendzeit erinnern. Die größten Schwierigkeiten im sogenannten Generationenkonflikt zwischen Eltern und Kindern beziehungsweise Jugendlichen gibt es deshalb, weil Eltern sich nicht mehr ihrer eigenen Kinder- und Jugendzeit erinnern.

Wenn ich mit unserer 17jährigen Tochter im Konflikt lebe, gibt mir meine Frau oft einen kleinen Wink: »Erinnerst du dich, wie das war, als du 17 warst?« In dieser Erinnerung, so habe ich gelernt, liegt die Lösung von Konflikten verborgen. »In der Erinnerung liegt Erlösung.« Dieses oft auf das deutsch-israelische Verhältnis angewandte jüdische Sprichwort gilt politisch wie privat. Die geniale Entdeckung von Sigmund Freud heißt ja: Verdrängt nicht, sondern verarbeitet und integriert durch Erinnern. Unsere inneren Verhärtungen und Verkrampfungen, unsere Feindschaften gegen uns selbst lösen sich durch liebevolles oder auch schmerzhaftes Erinnern und verhärten sich durch krampfhaftes, aber liebgewordenes Verdrängen.

> Einmal kamen Leute mit ihren kleinen Kindern zu Jesus, damit er ihnen die Hände auflegte; aber die Jünger wiesen sie ab. Doch Jesus rief die Kinder zu sich und sagte: »Laßt die Kinder zu mir kommen und hindert sie nicht, denn gerade für Menschen wie sie steht Gottes neue Welt offen. Täuscht euch nicht: Wer sich der Liebe Gottes nicht wie ein Kind öffnet, wird sie niemals erfahren.« (Lk 18,15–17)

Jesus hatte kein romantisches Kinderbild. Er wies als Realist darauf hin, daß es Kinder in einem ganz wesentlichen Punkt leichter haben als Erwachsene: Sie leben im Vertrauen, daß ihre Eltern ihnen Brot geben und nicht Steine. Und genau in diesem Vertrauen sollten Erwachsene gegenüber Gott leben, meint Jesus.

Kinder leben nicht besser als Erwachsene. Aber sie ändern sich leichter. Sie bilden sich nicht ein, »fertig« zu sein. Sie sind offen. Das vor allem können wir von Kindern lernen, wenn wir mit ihnen leben.

»Ich weiß genau, daß ich mich ändern müßte, aber ich will es nicht. Was soll ich tun?« fragte mich ein junger Mann. So redet kein Kind. Ich konnte ihm nur sagen: »Achten Sie mal auf Kinder. Beobachten Sie ein zehn Monate altes Kind beim Laufen-Lernen. Es fällt ständig hin. Es tut sich weh. Es blutet. Aber es lernt laufen!«

Es sind die progressiv-kindlichen Merkmale wie Wißbegierde und Offenheit, Phantasie und Experimentierlust, Spontaneität und Flexibilität, die uns Jesus als vorbildlich hinstellt. »Jesus hatte keinen Begriff von Gott, sondern ein dauerndes Erleben Gottes, so wie die Kinder auch keinen Begriff von ihrem Vater haben, aber ihn ganz genau kennen.« (Johannes Müller)

Jesu kinderleichte Theologie meint: Das Kind ist das eigentliche Muster menschlicher Reife. Das lebendige oder tote *Kind in uns* entscheidet über unsere wahre Lebendigkeit, ob wir 18 oder 80 sind. Ashley Montagu drückt das so aus:

Das Ziel des Lebens besteht darin, »jung zu sterben – und zwar so spät wie möglich«. Doch viele Menschen werden nie reif, sie werden nur alt. Alle modernen Erkenntnisse der psychosomatischen Medizin bestätigen: Wer im Alter geistig jung und flexibel ist, wird auch körperlich weniger anfällig. Alter und Gesundheit sind in erster Linie eine Geisteshaltung.

Fast jeder Blick in Altersheime zeigt, wie weit wir von diesem Jesus-Ideal entfernt sind. Leben aber ist Bewegung. Bis zum letzten Atemzug gilt Jesu Rat: *Werdet* wie Kinder! Das heißt nichts anderes als: Erkennt in euren Kindern Gott. Unsere Kinder werden uns nicht für Häuser und Geld danken, die sie von uns erben. Sie werden uns aber dankbar sein, wenn wir ihnen geholfen haben, die zu werden, die sie sein können: Geistwesen, Kinder Gottes.

Das größte Glück, das wir unseren Kindern »vererben« können, ist unser eigenes; jenes Glück, das unabhängig ist vom Bankkonto, aber abhängig vom Grad der Liebe, die zwischen Mann und Frau während ihres Lebens wächst. Und das Glück ist immer das, das wir selber schaffen. Es gibt kein anderes! Auch das Glück, das wir unseren Kindern »vererben«, ist das Ergebnis harter und dauerhafter Arbeit an uns selbst. Deshalb ist alle wirkliche Kindererziehung in erster Linie die Selbsterziehung der Eltern.

Sechstes Kapitel
Jesus und sein mütterlicher Vater

> Der Vater lief dem verlorenen Sohn
> »voller Mitleid entgegen, fiel ihm um
> den Hals und küßte ihn.« (Lk 15,20)

Während der Arbeit an diesem Buch habe ich im Benediktiner-Kloster Ettal den Osternachts-Gottesdienst besucht. Zu Beginn lauschten die vielen hundert Christen, die gekommen waren, langen Lesungen aus dem Alten Testament. Im Mittelpunkt stand die Geschichte des Beinahe-Opfertodes Isaaks durch seinen Vater Abraham. Dieser Vater war ja tatsächlich bereit, seinen Sohn zu ermorden, weil Gott angeblich den Mord wollte. Ohne jeden Kommentar wurde diese Geschichte in Verbindung gebracht mit dem Ostergeschehen. So, als habe Gott Jesus als Opfer gewünscht wie früher schon Isaak – nur daß Gott damals eingriff und den Mord verhinderte, aber bei Jesus nicht.

Ein Mord ist natürlich niemals Gottes Wille, weder bei Isaak noch bei Jesus, noch bei sonst jemand. Seit 2000 Jahren haben wir durch Jesus ein Gottesbild, das uns einen Gott der Liebe und des Lebens erkennen läßt. Nie war mir die Unvereinbarkeit des alttestamentlichen Richter-Gottes und des Liebes-Gottes Jesu so klar vor Augen gestanden wie in dieser Osternacht. Ich habe diese »Liturgie« als Gotteslästerung empfunden. Mit einem Gott, der zur »Vergebung unserer Sünden« einen geliebten Menschen ermorden lassen muß, möchte ich nichts zu tun haben. Ein Gott, der von Eltern die Ermordung ihrer Kinder verlangt, ist ein Monster ideologisierter Theologen, das nichts mit dem Gottesbild Jesu gemein hat. Jede Harmonisierung und Vermischung des Gottesbildes Jesu mit dem patriarchalischen Richter-Gottesbild des Alten Testaments ist Gift für lebendige Religion.

Gegen alle Opfer-, Schuld- und Blut-Theologie der vergangenen 2000 Jahre müssen Jesus-Nachfolger der Kirche entgegenhalten: Es ist widerlich und absurd anzunehmen, Gott brauche das Opfer und das Blut des unschuldigen Jesus für die Sünden der Schuldigen. Hinter diesem barbarischen Gottesbild steckt primitivstes Heidentum, vor allem aber ein barbarisches Menschenbild. Das Erschütternde dabei ist: Unser Gottesbild entspricht exakt unserem Menschenbild! Unser Menschenbild ist barbarisch, solange wir in Todesstrafe, Kriegen und Gewalt ein Mittel sehen, Probleme zu lösen. Doch bis heute sehen viele Menschen im Blut eine erlösende Funktion. »Kriege hat es immer gegeben, Kriege wird es immer geben«, sagen sie gedanken- und gefühllos – auch im Atomzeitalter! Und dieses inhumane Menschenbild wird auf Gott projiziert, solange die Kirchen lehren, auch Gott brauche Blut, sogar das Blut seines unschuldigen Lieblingsschülers. Jesus sagt das Gegenteil: »Gott will keine Opfer, sondern Barmherzigkeit.«

Der neue Mann Jesus hat mit seinem neuen Gottesbild die Theologie der Schuld und der Opfer überwinden und die Menschen von ihrem schlechten Gewissen befreien wollen. Doch die christlichen Kirchen wollen den Menschen bis heute ein schlechtes Gewissen machen. Nicht *Gott* hat seinen Lieblingsschüler sterben lassen, hartherzige und fromme *Menschen* haben ihn gefoltert und ans Kreuz genagelt, weil er ihr unmenschliches Gottesbild in Frage gestellt hat. Nicht Gott ist der Mörder, Menschen sind die Mörder.

Auch Martin Scorsese hat den neuen Mann Jesus mit seinem umstrittenen Jesus-Film »Die letzte Versuchung« nicht begriffen. Zur Beruhigung der Kirchenmänner und vieler Kino-Besucher läßt Scorsese seinen Jesus nach dem Traum der Liebesszene mit Maria Magdalena wieder ans Kreuz steigen – als könnte im Tod Erlösung liegen. Da kommt die alte ekelhafte, jesusfeindliche und gottesfeindliche Blut-Theologie in moderner Form wieder. Das Leben und die Liebe befreien und erlösen, nicht Opfergang und Blut. Solange Jesus für »unsere Erlösung« hingerichtet wird, haben wir keine Chance, an unserer »Erlösung« zu arbeiten. Solange die

»Kreuziget-ihn«-Schreier Hochkonjunktur haben, wird Jesus immer neu gekreuzigt, aber niemals wirklich verstanden. Die Opfer-, Schuld- und Blut-Theologie ist Ausdruck rohen Männlichkeitswahns. Hanna Wolff: »Unter Verletzung aller Gefühls- und Wertfunktionen ist aus Gott ein unerträgliches Patriarchenungeheuer geworden, das das Blut des eigenen Sohnes opfern muß.«

Im Alten Testament steht Gott meist für den allmächtigen Patriarchen – Jesu »Abba« ist der mütterlich-liebende Vater. Der eine hat mit dem anderen nichts zu tun. Einen größeren Gegensatz gibt es religionsgeschichtlich nicht.

Theologen, die meinen, die Beinahe-Schlachtung Isaaks sei Abraham nur angedichtet und widerspreche dem wirklichen, menschenfreundlichen Abraham, müßten allerdings den schauerlichen Text aus der »Heiligen Schrift« ersatzlos streichen und dürften ihn niemals mit Jesu Gottesbild in Beziehung bringen.

Jesus in großer Klarheit und Entschiedenheit:

> »Niemand flickt ein altes Kleid mit einem neuen Stück Stoff, sonst reißt das neue Stück wieder aus und macht das Loch nur noch größer. Auch füllt niemand neuen Wein, der noch gärt, in alte Schläuche; sonst platzen die Schläuche, der Wein fließt aus, und auch die Schläuche sind hin. Nein, neuer Wein gehört in neue Schläuche! Dann bleibt beides erhalten.« (Mt 9,17–18)

Also: Neuer Wein in neue Schläuche! Keine Vermischung! Keine Harmonisierung aus Feigheit und Denkfaulheit!

Das neue Gottesbild – ein Gott der Liebe

Eine solche Harmonisierung zwischen dem Alten und dem Neuen Testament verhindert bis heute christliche Identität, hat Hanna Wolff in ihrem Buch »Neuer Wein – alte Schläuche« in erschreckender Weise deutlich gemacht. Richtig ist, daß auch im Alten Testament gelegentlich der Liebesgott durchscheint – eher bei Abraham als bei Moses. Aber zur Zeit Jesu hat der Richtegott dominiert. Solange wir noch nicht das befreiende Jesus-Bild und noch nicht *seinen* Gott der Liebe entdeckt haben, ist es kein Wunder, daß sich seit Jesus nicht viel geändert hat. Der »Herr der Heerscharen« ist ein Kriegsgott und das Gegenteil des gütigen Vaters, den Jesus erkannte! Die meisten Christen stehen auf der vorjesuanischen Bewußtseinsstufe dieses aggressiven Kriegsgottes.

Hanna Wolff: »Das Christentum ist bisher nie wirklich aus dem Schatten des Judentums herausgetreten. Das ist seine Schuld. Das ist seine Tragik, das ist sein Existenzproblem.« Und das ist der Grund, weshalb wir heute noch einmal neu mit Jesus anfangen müssen. Christen sollten nicht bessere Juden sein, sie sollten endlich Jesuaner werden. Die Evangelien sind nicht judenfreundlich. Wer sie dazu machen will, muß sie abschaffen. Die Evangelien sind so wenig judenfreundlich wie christenfreundlich, sie sind jesusfreundlich, judenkritisch und grundsätzlich kirchenkritisch.

Wie sieht nun das neue Gottesbild Jesu und das dazu passende neue Menschenbild aus?

– »Wer nur noch von Gott etwas erwartet«, der darf sich freuen. Gott wird den Notleidenden »ihre Last abnehmen«.
– Gott wird »den Gewaltlosen« die Erde zum Besitz geben.
– Gott wird »barmherzig« sein. Die ein reines Herz haben, »werden Gott sehen«. Die Friedensstifter werden »Gottes Kinder« sein, sagt Jesus in der Bergpredigt bei Matthäus.

Dieses ganz neue Gottesbild hat mit dem vorherrschend militanten alttestamentlichen Gott nichts mehr zu tun.

Das jüdische Establishment sah in Jesus den Gesetzesbrecher, Tabubrecher und Verführer. Das war er, das ist er, und das wird er immer sein. Seine Botschaft für alle ist die aus Freiheit erwachsende Bindung. Jesus hat jede systematisierte und dogmatisierte Religion in Frage gestellt. Hundertfach ist im Neuen Testament belegt, daß Jesus das Alte Testament nicht nur in Frage gestellt hat, sondern es überwinden wollte. »Unseren Vorfahren wurde gesagt..., ich aber sage euch«. Weil Jesus allen Vater-Autoritäten den Gehorsam aufkündigte, konnte er die Liebe *des* Vaters erkennen und erfühlen. Den Patriarchen-Gott Jahwe, den die Juden kannten, nahm Jesus gar nicht in den Mund. Er bekennt sich zum liebenden Vater. Das ist kein abstraktes Prinzip und kein namenloser Gott, sondern lebendige Beziehung, neue Qualität.

> Sechs Tage später nahm Jesus die drei Jünger Petrus, Jakobus und Johannes mit sich und führte sie auf einen hohen Berg. Sonst war niemand bei ihnen. Vor den Augen der Jünger ging mit Jesus eine Wandlung vor. Seine Kleider wurden so leuchtend weiß, wie es keiner auf Erden machen kann. Auf einmal sahen sie Elijas und Moses bei Jesus stehen und mit ihm reden. Da sagte Petrus zu Jesus: »Wie gut, daß wir hier sind, Lehrer! Wir wollen drei Zelte aufschlagen, eins für dich, eins für Moses und eins für Elijas.« Aber er wußte gar nicht, was er sagte, denn er und die beiden anderen waren vor Schreck ganz verstört. Da kam eine Wolke und warf ihre Schatten über sie. Eine Stimme aus der Wolke sagte: »Dies ist mein Sohn, dem meine ganze Liebe gilt; auf ihn sollt ihr hören.« Dann aber, als sie um sich blickten, sahen sie niemand mehr, nur Jesus war noch bei ihnen. (Mk 9,2–8)

Die Jünger Jesu stehen hier vor der alles entscheidenden Frage: Wem sollen wir vertrauen? Jesus oder den Vertretern des alten Glaubens Elijas und Moses? Sie tun, was die Kirchen bis heute tun: Sie versuchen zunächst mit »drei Zelten« gleichberechtigt nebeneinander eine Harmonisierung des Alten mit dem Neuen. Aus Angst vor dem Neuen sind sie »vor Schreck verstört«. So geht es uns immer bei einer grundsätzlich neuen Erkenntnis. »Vielleicht ist nichts grausamer in diesem Leben, als einem Menschen seinen Gott zu zerstören. Einem Menschen seinen Gott zu zerstören bedeutet, ihn einen Augenblick lang einer furchtbaren Einsamkeit und Angst auszusetzen; es bedeutet, ihn entsetzlichen Schuldgefühlen, furchtbaren Selbstanklagen und grausamen Selbstbeschuldigungen auszuliefern; und doch gibt es oft keine Alternative.« Der erfahrene Therapeut Eugen Drewermann beschreibt hier das Fegefeuer, durch das jeder hindurch muß, der sich wirklich wandeln will. Es gibt keinen anderen Weg der Befreiung. Erst nach dem Schreck kommt die Chance der Befreiung und Bewußtseinserweiterung: Die Jünger »hören« jetzt ähnlich wie Jesus bei seiner Taufe die Stimme Gottes: »*Dies* ist mein Sohn, dem meine ganze Liebe gilt; auf ihn sollt ihr hören.« Diese charismatische Gotteserfahrung, die Markus in so eindrucksstarken Bildern schildert, führt dazu, daß »nur noch Jesus« bei ihnen war. Die Vertreter des Alten waren weg. Der Neue, Jesus, war jetzt ihre alleinige Autorität.

Moses und Elijas waren große politische und religiöse Führer ihres Volkes. Die beiden großen Männer des Alten Testaments haben ihr Volk aus der ägyptischen Gefangenschaft geführt. Jesus will viel mehr. Er will einen Weg aus der inneren Gefangenschaft, aus der Gefangenschaft unseres Herzens weisen. Bei Jesus geht es nicht mehr um die Gefangenschaft *eines* Volkes und um dessen Befreiung, sondern um die Gefangenschaft *aller* Menschen und um deren Befreiung.

Für den Umsturz seines Gottesbildes kann sich Jesus auf keine schriftliche Anweisung stützen, sondern »nur« auf den Atem, der ihn durchdrungen hat.

> »Warum erwartet ihr von Gott eine Belohnung, wenn ihr nur die liebt, die euch auch lieben? Das tun sogar die Menschen, die nicht nach Gott fragen... Nein, eure Feinde sollt ihr lieben! Tut Gutes und leiht, ohne etwas zurückzuerwarten. Dann bekommt ihr reichen Lohn: ihr werdet zu Kindern des Höchsten. Denn auch er ist gut zu den undankbaren und schlechten Men-

schen. Werdet barmherzig, so wie euer Vater barmherzig ist.« (Lk 6,32 und 35–36)

»Barmherzig« und »mütterlich« ist im griechischen Text identisch. Hier im Zusammenhang mit der Feindesliebe wird das neue Gottesbild Jesu am deutlichsten. Im Alten Testament beten die Menschen: »Zerstöre meine Feinde. Zertritt sie in Staub.« Jesus: »Nein, eure Feinde sollt ihr lieben.« Denn Gott liebt *alle* Menschen wie eine Mutter ihre Kinder. Eine Mutter »kalkuliert« nicht über gut oder böse, wenn sie ein Kind bekommt, sie liebt es. Vordergründig gesehen ist Mutterliebe ja etwas ganz Irrationales. Wäre es nicht »vernünftiger«, nur für sich selbst zu sorgen? Doch das mütterliche und väterliche Wesen in uns will seine Mütterlichkeit und seine Väterlichkeit ausleben. Und Gott will das auch an uns, sagt Jesus: Damit Leben werde! »So ist der von Jesus erlebte und verkündete Gott Vater und Mutter, jedoch nicht nebeneinander, sondern ineinander: Gott ist die Mutter im Vater.« (Karl Herbst) Euer Vater ist barmherzig heißt: Euer Vater ist mütterlich. »Werdet barmherzig, so wie euer Vater barmherzig ist« heißt: Wachst, reift, öffnet euch, sucht, vertraut und liebt mit Herz *und* Verstand. Gott liebt uns, wie eine Mutter ihre Kinder liebt: ohne Gegenleistung und innig! Nie ist in der Religionsgeschichte ein schöneres Gottesbild gemalt worden als diese Geistesverwandtschaft der Menschen mit Gott. Wir sind Gottes Geliebte, wie Jesus sein Geliebter war.

»*Alles* kann, wer vertraut«, wer liebt, vertraut. Und wer vertraut, dem wird vertraut. Das heißt: Wir sind Stellvertreter Gottes. Jeder ist sein eigener Papst, weil wir über unser Gewissen Gott verantwortlich sind. Jesus wird aber noch deutlicher: »Ihr sollt vollkommen sein, wie euer Vater im Himmel vollkommen ist.« Eine bis dahin unerhörte Aussage. Die Patriarchen, die einen Super-Patriarchen als Gott verehrten, haben sich entsetzt abgewendet. Den partnerschaftlichen, völlig neuen, dem Menschen liebevoll zugewandten Gott konnten sie Jesus nie verzeihen. Dieser Gott Jesu »beruft uns zu Großem« (Hanna Wolff). Wir sollen seine Schöpfung hegen und pflegen und an ihr weiterarbeiten wie Künstler an einem Kunstwerk. Wir sind nicht mehr Gottes Knechte wie im Alten Testament – wir sind dank Jesus Gottes Beauftragte.

> Vater, Herr über Himmel und Erde, ich preise dich dafür, daß du den Unwissenden zeigst, was du den Klugen und Gelehrten verborgen hast...
> Ihr plagt euch mit den Geboten, die die Gesetzeslehrer euch auferlegt haben. Kommt doch zu mir, ich will euch die Last abnehmen. Ich quäle euch nicht und sehe auf keinen herab. Stellt euch unter meine Leitung, und lernt bei mir, dann findet euer Leben Erfüllung.
> (Mt 11,25 und 28–29)

Entgegen aller komplizierten Theologie beharrte Jesus auf seinem einfachen Gottesbild, das die »Unwissenden« kennenlernen, nicht aber die »Klugen« und »Gelehrten«. Wissen ist gut, Vertrauen ist aber viel wichtiger. »Woher wissen Sie, daß Ihr Jesus-Bild echt ist? Woher wissen Sie, daß sein Gottesbild echt ist?« werde ich oft gefragt.

Keiner von uns Heutigen hatte die Chance, Jesus persönlich kennenzulernen. Und dennoch können wir ihn kennenlernen. Keiner von uns Heutigen hat auch Bach oder Mozart persönlich kennengelernt, und dennoch können wir beim Hören von Bach oder Mozart empfinden und fühlen, ob uns dieser so gespielte Bach oder Mozart gefällt. Echt ist, was uns innerlich berührt, bewegt und in Bewegung hält. Echt ist, was unser noch nicht durch falsches Denken verdorbenes Herz erreicht« (Karl Herbst). Nach Jesus ist das Einfache echt, nicht das Zwie-spältige. Das ist echt Jesus. Wer es fühlt, weiß es.

Liebe ist mehr als Gerechtigkeit

Woher weiß eine Frau, ob ein Mann sie liebt? Am intensivsten durch ihr Gefühl und durch ihre Intuition.

Jesus sah seine Jünger der Reihe nach an und sagte: »Wie schwer haben es doch reiche Leute, in die neue Welt Gottes zu kommen!« Die Jünger erschraken über dieses Wort, aber Jesus sagte noch einmal: »Ja, es ist sehr schwer hineinzukommen! Eher kommt ein Kamel durch ein Nadelöhr als ein Reicher in Gottes neue Welt.« Da gerieten die Jünger völlig außer sich. »Wer kann dann überhaupt gerettet werden?« fragten sie einander. Jesus sah sie an und sagte: »Menschen können das nicht machen, aber Gott kann es. Für Gott ist nichts unmöglich.« (Mk 10,23–27)

Liebe ist mehr als soziale Gerechtigkeit. Der große Schatz, die Liebe, kann nicht verdient, nur geschenkt werden. Die Jünger waren so entsetzt, wie wir es über diese Worte sind. Soll ich alles verschenken? Innerlich dazu bereit sein, ja – und im Ernstfall es auch tun. Zu viele Sorgen wegen des äußeren Besitzes, zuviel Marschgepäck verhindern, daß wir auf dem schmalen Pfad uns Gottes Liebe nähern. »Habt doch mehr Vertrauen.« »Sorgt euch nicht.« »Betrachtet die Lilien des Feldes und die Vögel des Himmels.« Wenn unser Reichtum uns am einfachen Leben hindert, fehlt es an jesuanischem Urvertrauen, und wir leben vergeblich.

Wer Gottes Einladung versteht, der handelt wie ein Kaufmann, der schöne Perlen sucht. Wenn er eine entdeckt, die besonders wertvoll ist, verkauft er alles, was er hat, und kauft sie. (Mt 13,45–46)

Mit dem Gottesbild des barmherzigen, mütterlichen Vaters hat uns Jesus den wertvollsten Schatz unseres Lebens geschenkt. Nur: Wir haben bisher weitgehend vergessen, mit diesem »Pfund« auch zu wuchern. Auch kostbare Schätze werden unansehnlich, wenn man sie verrotten läßt. Dabei gibt es die feste Zusage, daß dieser Schatz – kaufmännisch richtig angelegt – »hundertfache« Frucht, also Zins und Zinseszins, bringen wird. Das heißt: Nicht die Hände in den Schoß legen, nicht Gottvertrauen als Passivität und Schicksalsergebenheit mißverstehen, sich nicht ewig über »die« Zeitläufe und »die« Umstände, »die« Gesellschaft oder »die« Politiker beklagen, sondern handeln, so wie man kann, sich auf den Weg machen, wo man es kann, und andere anstecken, so gut man es kann. »*Alles* kann, wer vertraut.« Die Erfahrung meines Lebens ist: Diese Zusage ist wahr. Ich weiß das, weil ich so oft an ihrer Verwirklichung gezweifelt und dann doch ihre Wahrheit erlebt habe – in privaten und beruflichen Krisen.

Jesu dynamisches Gottesbild

Jesus vertritt ein dynamisches Gottesbild im Gegensatz zum statischen Gottesbild des orthodoxen Judentums. Das Gottesbild des allmächtigen Patriarchats ist entwicklungsfeindlich, Jesu Gottesbild ist entwicklungsfreundlich. Über Gott sagt Jesus: »Bei Gott ist alles möglich.« Und entsprechend über den Menschen: »Alles kann, wer vertraut.« Der Mensch muß sich nicht mehr ducken und Angst haben vor einem allmächtigen Gott, sondern ist Gottes vertrauenswürdiger Mitarbeiter geworden. Wir sind Partner in Gottes schöpferischer Dynamik.

Jesus meinte

– einen Gott der Wahrheit, nicht der Starrheit,
– einen Gott der Liebe, nicht des Rechts,
– einen Gott der Intuition, nicht der Institution,
– einen Gott der Frohbotschaft, nicht der Drohbotschaft,
– einen Gott der Erfahrung und keinen Gott der Wissenschaft.

Während einer Zugfahrt erzählte mir eine Theologiestudentin im dritten Semester die Erfahrung aus ihren Vorlesungen: »Das sind Vorlesungen wie in Chemie oder Physik. Keiner meiner Professoren ist ergriffen von Gott.« Jesus war kein Theologie-Professor und hat auch keine Professoren-Theologie gelehrt. Er war aber zutiefst »ergriffen von Gott« – ergriffen von dem, was die Theologiestudentin suchte und was wir alle suchen, ob bewußt oder unbewußt! Nichts kann Theologen so sehr aus der Fassung bringen, als wenn man sie nach ihren persönlichen Gotteserfahrungen fragt – dafür haben sie Bücher. Es muß furchtbar sein zu spüren, daß man anderen jahrzehntelang einen Gott gepredigt hat, ohne ihn selbst erfahren, erfühlt, erkannt und ohne von ihm geträumt zu haben.

Sören Kierkegaard nennt es das größte Gaunerstück der Weltgeschichte, daß Theologen das »Erhabene« verkünden, das sie sich selbst vom Leibe halten. Sie halten Gott zum Narren mit der Behauptung, ihm zu dienen. In den meisten Predigten soll Gottes Herrschaft irgendwann einmal kommen, so wie in den meisten Bibelübersetzungen die Markus-Stelle, wo Jesus den Beginn des Reiches Gottes verkündet, so übersetzt wird: »Die Gottesherrschaft kommt.« Das steht aber überhaupt nicht da. Im griechischen Urtext heißt es viel konkreter: »Es ist soweit: Die Gottesherrschaft *ist da*!« Nicht morgen oder am St. Nimmerleinstag, nein: Hier und jetzt und mit dir muß es beginnen, sagt Jesus. Da bleibt weder Zeit noch Platz für Drückebergerei, theologische Ausreden und kirchliche Vertröstung. »Neu« und »Jetzt« sind zentrale jesuanische Positionen!

Können wir diesen Gott Jesu verstehen? Theoretisch nicht! Auch Jesus definiert Gott nicht wissenschaftlich. Aber praktisch ja! Das hängt ausschließlich von uns ab. Jesus: »Die Weisheit Gottes wird bestätigt durch alle, die dafür offen sind« (Lk 7,35). Das einzig wirklich überzeugende Gottesbild ist die eigene Gotteserfahrung. Ein *Bild* von Gott können uns auch andere übermitteln, zum Beispiel die Kirchen. Aber Gott selbst begreifen wir nur durch uns selbst und durch unser Selbst, innen!

»Wie geht es zu, wenn Gott seine Herrschaft aufrichtet?« fragte Jesus. »Womit kann man das vergleichen? Es ist wie mit einem Senfkorn. Es gibt keinen kleineren Samen; aber ist er einmal in die Erde gesät, so geht er

auf und wird größer als alle anderen Gartenpflanzen und bekommt starke Zweige, in deren Schatten die Vögel nisten können.« (Mk 4,30–32)
Noch einmal fragte Jesus: »Womit kann ich das vergleichen, wenn Gott seine Herrschaft aufrichtet? Es ist wie beim Sauerteig. Eine Frau mengt ihn unter einen halben Zentner Mehl, und er macht den ganzen Teig sauer!« (Lk 13,20–21)

Warten können bis zur Reife und vertrauen, daß die Saat aufgeht: Das ist das Geheimnis des Gottes Jesu. Ein Gottesbild, das auf die Entwicklungsmöglichkeit und auf die Entwicklungsfähigkeit des Menschen vertraut. Ein Gottesbild, das um die selbstregulierende Kraft der menschlichen Seele weiß. Das Geheimnis menschlicher Schöpferkraft liegt im Wartenkönnen *und* im spontanen Zupacken. So wird aus Kleinem Großes, aus dem »Senfkorn« ein richtiger Baum und aus ein wenig Sauerteig die alles verändernde Zutat für »den ganzen Teig«.

Jesus und sein neues Gottesbild stehen im Gegensatz zum alten Gottesbild:

- individuell und nicht mehr kollektiv
- mütterlich-väterlich und nicht mehr patriarchalisch
- global und nicht mehr national
- gegenwartsorientiert und nicht mehr vertröstend
- dynamisch und nicht mehr statisch
- organisch und nicht mehr mechanisch
- angstbefreiend und nicht mehr angstmachend
- heilend und nicht mehr krankmachend
- freiheitlich und nicht mehr gesetzlich
- gewaltfrei und nicht mehr rachsüchtig
- liebevoll und nicht mehr bestrafend.

Jesu neues Menschenbild

Mit diesem neuen Gottesbild reißt Jesus die Trennwände zwischen Menschen ein: zwischen Armen und Reichen, zwischen Juden und Ausländern, zwischen Mann und Frau, zwischen Gelehrten und Nichtgelehrten, zwischen Erwachsenen und Kindern. Aus Jesu neuem Gottesbild wird ein neues Menschenbild. Dabei beruft er sich nie auf das Gesetz, auf die jüdische Thora – auch wenn ihm dies Matthäus unterstellt. Er beruft sich – weit hinter Moses zurückgehend – auf den »Vater«, auf Gott selbst.

Dabei geht er von Gott als dem gütigen Schöpfer aus und nicht mehr von einem willkürlichen Herrscher und Macher wie noch Moses oder Elija im Alten Testament. Deshalb ist Jesus auch nicht der Begründer einer neuen konfessionellen Religion; er ist vielmehr der Überwinder aller Gesetzesreligionen. Das allein führt zu wahrer Religion. »Religio« ist die Rückbindung an Gott, die Erinnerung an Gott und die Hoffnung auf Gott. Religion ist die *bewußte* Bereitschaft, die Abhängigkeit von Gott als Glück zu empfinden.

Diese Abhängigkeit ist aber nicht einseitig, sondern besteht nach beiden Seiten. Gott braucht auch uns als Helfer seiner Schöpfung – sonst gäbe es kein echtes Liebesverhältnis Gott–Mensch. »Am Anfang war das Wort« bedeutet: »Am Anfang ist die Beziehung« (Martin Buber); die Beziehung zwischen Gott und Mensch. Da jede wirkliche Beziehung dynamisch und nicht statisch ist, ist das Verhältnis Gott–Mensch ein Prozeß. Nicht nur wir machen Erfahrungen mit Gott, auch Gott macht Erfahrungen mit uns. Jede Beziehung ist mehr als ein Sein, sie ist ein Werden und eine Erfahrung, ein Prozeß.

In dieser Prozeß- oder Erfahrungstheologie »residiert Gott nicht in einer Überwelt jenseits der Geschichte, sondern lebt und wirkt ganz im Gegenteil genau wie wir in und durch die Geschichte« (Dorothee Sölle). Gott teilt seine Macht mit uns, indem er uns ermächtigt und nicht unterwirft.

Söhne und Töchter Gottes, *wir*, haben die Aufgabe, an jedem Ort und zu jeder Zeit auf das Wort Gottes zu hören und es zu tun. Das ist unser Auftrag, das ist unsere Freiheit, das ist die täglich geforderte Gewissensentscheidung. Mit dieser neuen ganzheitlichen Spiritualität hatte der Jude Jesus aufgehört, Jude zu sein – er war »Bürger« im Reich Gottes geworden.

Die Glückselig-Preisungen beschreiben das Ziel, das Jesus immer im Hinterkopf hat: das Reich Gottes. Der Weg dorthin führt allerdings über Umwege, über Stationen des Leids und über schmerzhafte Entzugserscheinungen. Deshalb hat der Realist aus Nazaret denen, die ihm folgen, auch »Verfolgung« vorausgesagt: »Freuen dürfen sich alle«, die verfolgt werden, denn sie werden mit ihm in der neuen Welt »*leben*«. Auch hier denkt Jesus nicht nur an äußere »Verfolgungen«, an Widerstände aus der Umwelt. Weit schwieriger ist es, mit den inneren Verfolgungen, mit dem Bösen *in* uns selbst zurechtzukommen. Das Hauptproblem ist immer das menschliche Herz. Die äußeren Diktatoren sind harmlos gegenüber dem »Hitler« in uns. Bruder Adolf in uns war schon 1933 die Voraussetzung für das Elend, das der größte Kriminelle des 20. Jahrhunderts auf diesem Planeten anrichten konnte. Hätten wir Deutschen auch nur im Ansatz etwas von dem wirklichen Jesus, seinem Gottesbild und seinem Menschenbild begriffen gehabt, wäre der Welt und uns viel erspart geblieben.

Das neue Gottesbild Jesu befreit uns Menschen zu Autonomie, Selbsterkenntnis, Eigenverantwortung und zur Widerstandsfähigkeit. Das alte Gottesbild hielt die Menschen als Sklaven in Fremdbestimmung und Autoritätsgläubigkeit gefangen. Jesu neues Gottesbild befreit uns zur nächsthöheren Bewußtseinsebene. Der Gott Jesu will nicht blinden Gehorsam, er wirbt um unser Vertrauen und um unser Herz. Er wirbt um Vertrauen von Herz zu Herz. Wir sind Gottes »Kolleginnen« und »Kollegen« und Gottes Gesprächspartner. Und dieser Gott hat immer Sprechstunde – zu jeder Zeit, an jedem Ort.

Ein solches Menschenbild hat nichts zu tun mit dem der Jammertal-Ideologen, die nur von Buße reden anstatt vom *Tun*. Es hat aber auch nichts gemein mit einer vordergründigen New-Age-Philosophie, die uns zuraunt: »Du bist o. k., was auch immer du tust.« Jesus: Du bist o. k., wenn du das Richtige tust, wenn du auf deine innere Stimme, auf dein Gewissen hörst und entsprechend handelst. Du bist nicht o. k., wenn du dir einbildest, immer o. k. zu sein. Du bist aber o. k., wenn du suchst, auch wenn du dich gelegentlich verirrst und fällst.

Das Reich Gottes ist geschwisterlich-ganzheitlich

Jesu Lehre vom Reich Gottes ist die Verkündigung eines neuen Bewußtseins und eines neuen Weltbildes. Sein persönlicher Umgang mit Frauen, sein Gottesbild vom mütterlichen Vater, seine weiblichen Bilder vom Reich Gottes (fruchtbare Erde) zeigen zweifelsfrei, daß die neue Welt, von der Jesus träumte, das Ende des Patriarchats zur Voraussetzung hat.

Der Durchbruch zum Reich Gottes geschieht niemals nur durch Befreiung der Völker vom äußeren Joch, sondern dann, wenn Menschen sich von ihren inneren Fesseln befreien. Jesus hat es vorgelebt: Befreiung ist möglich. Aber die globale Befreiung geschieht nur über die Selbstbefreiung vieler einzelner Menschen. Die bislang vorherrschende männliche Ethik wollte in den bekannten Revolutionen der Geschichte immer »die« Menschheit oder bestimmte Völker befreien. Das ist noch nie wirklich gut gegangen.

Bei einem Fernseh-Interview mit dem Dalai Lama ist mir der Unterschied zwischen den alten Revolutionen der Gewalt und der jetzt notwendigen Revolution der Gewaltfreiheit und Liebe klar geworden. In dem Interview sagte der Dalai Lama, auch nach 40jähriger Unterdrückung Tibets durch das kommunistische China setze er auf eine gewaltfreie Lösung. Ich fragte zurück, ob die Beispiele Afghanistan und Vietnam nicht beweisen würden, daß allein Gewalt und bewaffneter Widerstand die Völker der Dritten Welt vom Kolonialismus der Großmächte befreien könnten. Seine eindrucksvolle Gegenfrage im Juni 1988: »Sind Afghanistan und Vietnam wirklich frei?«

Der Austausch von Machteliten schafft noch keine wirkliche Befreiung. Die USA und die Sowjetunion haben in Vietnam und Afghanistan so wenig zu suchen wie China in Tibet. Aber der Dalai Lama hat als Schüler Gandhis ganz im Sinne Jesu begriffen, daß allein Gewaltlosigkeit zur wirklichen Freiheit führt – politisch und privat.

> Der Täufer Johannes hatte im Gefängnis von den Taten Christi gehört, darum schickte er einige seiner Jünger zu ihm: »Bist du der Retter, der kommen soll«, ließ er fragen, »oder müssen wir auf einen anderen warten?« Jesus antwortete ihnen: »Geht zurück zu Johannes und berichtet ihm, was ihr hört und seht: Blinde sehen, Gelähmte gehen, Aussätzige werden gesund, Taube hören, Tote stehen auf und den Armen wird die Gute Nachricht verkündet. Freuen darf sich jeder, der nicht an mir irre wird.« (Mt 11,2-6)

Immer und überall, wo sich Menschen wandeln, bricht das Reich Gottes an. Auf einer neuen Bewußtseinsstufe fängt man an, Dinge zu sehen, denen gegenüber man vorher blind war, und Dinge zu hören, die man vorher nie gehört hat. Wo Menschen die Schalen ihres kranken Ego durchbrechen, werden innerlich Gelähmte wieder beweglich. Wer je in der Beziehung zu einem Menschen verhärtet war und einen neuen Anfang schaffte, weiß, was Jesus meint, wenn er sagt: Tote stehen auf, Lahme gehen, Blinde sehen. Das Geheimnis des Reiches Gottes, von dem Jesus gegenüber Johannes im Gefängnis spricht, ist das Geheimnis jeder Liebe: Man muß sehen, hören und in Bewegung bleiben, ja vom Tod der Gleichgültigkeit auferstehen, damit die Liebe lebendig bleibt oder wieder lebendig wird. Das Gegenteil der Liebe ist nicht der Haß, sondern die Gleichgültigkeit. Daran scheitern die meisten Partnerschaften. So wie Liebe nur wachsen kann, wenn man daran arbeitet, kann das Reich Gottes nur wachsen, wenn wir daran arbeiten. Die Liebe zwischen Menschen ist der sichtbarste Ausdruck für das Reich Gottes in diesem Leben. »Das Reich Gottes ereignet sich nicht dort, wo sich Männlichkeit darstellt und ihre Großartigkeit zelebriert, wo große Reden geschwungen werden, ohne daß ihnen Taten folgen, wo Macht und zweifelhafter Erfolg zur Schau gestellt und Siege über Schwächere gefeiert werden, nein, das Reich Gottes ereignet sich dort, wo Friede gestiftet, geheilt und getröstet und damit menschliches Wachstum ermöglicht wird.« (Christa Mulack) Nicht Siege, sondern Reifungsprozesse und Heilungsprozesse, Emanzipation und die Überwindung von Fremdbestimmung sind die Merkmale vom Anbruch des Reiches Gottes unter den Menschen. Nicht nur männliches Drängen und männlicher Aktionismus, sondern auch weibliches Abwarten-Können und weibliche Achtsamkeit sind Kriterien der neuen Welt, die Jesus mit Reich Gottes umschreibt. Männer verstehen meist mehr von Maschinen, Frauen mehr vom Leben, dem sie von Natur aus näher stehen als wir Männer. Im Thomas-Evangelium sagt Jesus: »Das Reich des Vaters gleicht einer Frau. Sie nahm ein wenig Sauerteig; sie verbarg ihn im Mehl. Sie machte ihn zu großen Broten. Wer Ohren hat, möge hören.« Im selben Evangelium sagt Jesus aber auch: »Eine Frau, die sich zum Mann macht, wird eingehen ins Reich der Himmel.«

Deutlicher geht es nicht: Nur animus-integrierte Frauen und nur anima-integrierte Männer, das heißt liebesfähige Frauen und Männer, ganzheitliche Frauen und Männer können Botschafter einer neuen Welt sein. Jörg Zink drückt es so aus: »Was bleibt, stiften die Liebenden.« Wer immer in irgendeiner Form wirklich liebt, arbeitet mit am Reich Gottes.

Das Reich Gottes ist nicht die Kirche

Entscheidender noch als der Vater-Begriff ist in Jesu Lehre die Vorstellung vom Reich Gottes und seiner Realisierung in dieser Welt. Das Reich Gottes – hebräisch: die Schechina – ist in erster Linie nicht eine äußere Ordnung, sondern eine innere Entwicklung des einzelnen.

Einige Pharisäer fragten Jesus, wann Gott seine Herrschaft aufrichten und sein Werk vollenden werde. Jesus antwortete: »Ihr irrt euch, wenn ihr meint, daß man das vorausberechnen kann. Man wird auch nicht sagen können: ›Schau her, da!‹ oder ›Sieh dort!‹ Denn siehe, das Reich ist inwendig in euch.« (Lk 17,20–21)

Der wichtige letzte Satz wird in den meisten kirchlichen Übersetzungen anders und veräußerlicht übersetzt. Zum Beispiel in der für beide großen Konfessionen verbindlichen Einheitsübersetzung so:
»Denn schon jetzt richtet Gott mitten *unter euch* seine Herrschaft auf.« Damit ist die Realisierung des Reiches Gottes von Jesus abhängig.

Auf ihn wird somit wieder alle Hoffnung projiziert. Das aber hat Jesus abgelehnt. Im Gegenteil: Er wird nicht müde zu betonen, daß alles auf *unseren* Willen und *unsere* Taten ankommt, auf *unsere* innere Haltung und *unser* äußeres Tun. Das meint nämlich dieses Wort wirklich, das im Thomas-Evangelium so überliefert ist: »Aber das Königreich ist inwendig in euch und außerhalb von euch.« Die Übersetzung »Das Reich ist inwendig *in* euch« ist jesusgemäß. Diese Übersetzung steht auch in innerem Zusammenhang mit dem anderen Jesus-Wort:

Deshalb sage ich euch: Bittet, und ihr werdet bekommen! Sucht, und ihr werdet finden! Klopft an, und man wird euch öffnen. (Mt 7,7)

Mit der psychologischen Dimension dieser Jesus-Worte tun sich Theologen ebenso schwer wie mit der dutzendfach überlieferten Aufforderung Jesu: »Habt doch Vertrauen.« Das alles sind *innere*, psychische Haltungen und Einstellungen, die unabdingbare Voraussetzung sind für ein neues äußeres Tun. Ich schreibe auch diese Zeilen nicht gegen die Theologen (denen ich viel verdanke!), sondern damit *wir alle* diese alten Worte mit der Seele neu lesen lernen. Das Reich Gottes ist nicht die Kirche, sondern eine alternative

135

Gesellschaft im Sinne Jesu. Die *innere* Umkehr ist notwendig für die äußere Umwandlung der patriarchalischen Strukturen in Ehe und Beruf, in Politik und Gesellschaft und in den Kirchen. Diese Umwandlung kann nicht von dem einen göttlichen Menschen Jesus für alle anderen Menschen geleistet werden. Nachfolge heißt: Sich an seine Fersen heften und sich auf den Weg machen. Nur dann lernen wir, vom Scheitel bis zur Zehenspitze der Gottesbegeisterung Jesu zu vertrauen.

Gott – der Traum aller Menschen!

Das väterliche Verhalten gegenüber dem verlorenen Sohn soll uns Aufschluß geben über das mütterlich-fürsorgende *und* kindliche Verhalten des göttlichen Vaters Jesu:

> Jesus erzählte weiter: »Ein Mann hatte zwei Söhne. Der Jüngere sagte: ›Vater, gib mir den Teil der Erbschaft, der mir zusteht!‹ Da teilte der Vater seinen Besitz unter die beiden auf. Nach ein paar Tagen machte der jüngere Sohn seinen ganzen Anteil zu Geld und zog in die Fremde. Dort lebte er in Saus und Braus und verjubelte alles. Als er nichts mehr hatte, brach in jenem Land eine große Hungersnot aus; da ging es ihm schlecht. Er fand schließlich Arbeit bei einem Bürger des Landes, der schickte ihn zum Schweinehüten aufs Feld. Er war so hungrig, daß er auch mit dem Schweinefutter zufrieden gewesen wäre, aber selbst das verwehrte man ihm. Endlich ging er in sich und sagte: ›Die Arbeiter meines Vaters bekommen mehr, als sie essen können, und ich werde hier noch vor Hunger umkommen. Ich will zu meinem Vater gehen und zu ihm sagen: Vater, ich bin vor Gott und vor dir schuldig geworden; ich verdiene es nicht mehr, dein Sohn zu sein. Nimm mich als einen deiner Arbeiter in Dienst!‹
> So machte er sich auf den Weg zu seinem Vater. Der sah ihn schon von weitem kommen, und voller Mitleid lief

er ihm entgegen, fiel ihm um den Hals und küßte ihn. ›Vater‹, sagte der Sohn, ›ich bin vor Gott und vor dir schuldig geworden, ich verdiene es nicht mehr, dein Sohn zu sein!‹ Aber der Vater rief seine Diener: ›Schnell, holt das beste Kleid für ihn, steckt ihm einen Ring an den Finger, und bringt ihm Schuhe! Holt das Mastkalb, und schlachtet es! Wir wollen ein Fest feiern und uns freuen! Mein Sohn hier war tot, jetzt lebt er wieder. Er war verloren, jetzt ist er wiedergefunden.‹ Und sie begannen zu feiern.« (Lk 15,11-24)

Das Gleichnis vom Vater und seinem verlorenen Sohn steht bei Lukas nach dem Gleichnis vom Hirten und seinem verlorenen Schaf und dem Gleichnis der Frau und ihrer verlorenen Münze. Im Bild des Hirten, der Frau und des Vaters beschreibt Jesus eindrücklich die göttliche Freude über alles, was verloren schien. Der Vater Jesu ist ganz anders als die Väter des Patriarchats. Der Vater Jesu ist ein Gott, dessen Stärke die Liebe zu den Schwachen ist.

Dieser Vater zeichnet sich aus durch

– Loslassen, statt an sich zu binden
– Warten können, statt zu drängen
– Entgegengehen, statt beleidigt zu sein
– Küssen, statt zu strafen
– Feiern, statt zu fasten
– Gut zureden, statt zu verurteilen
– An das Leben und die Liebe glauben, statt Schuldgefühle auf seine Kinder zu übertragen
– Bitten, statt zu drohen.

2000 Jahre lang hat uns ein patriarchalisch verzerrtes Menschenbild und Gottesbild krank gemacht. Die Integration des Weiblichen und des Kindlichen in jedem Mann und die Integration des Männlichen und des Kindlichen in jeder Frau, aber auch die Integration des Weiblichen und Kindlichen in unserer Gottesvorstellung zeigen *den* Weg der Befreiung, den Jesus gemeint hat. Das Göttliche ist Heiliger

Geist (pneuma) und Heilige Geistin (ruach) oder Weisheit (sophia). Von dieser Heiligen Geistin spricht Jesus im Hebräer-Evangelium. Er nennt sie: »Meine Mutter.«

In Jesu Heimatdialekt, im Aramäischen, ist »ruach«, die Geistin, weiblich. Da schwingt Nähe, Körperlichkeit, Gefühl, Schönheit, Attraktivität und Leben mit. »Ruach« heißt auch Atem. Der Atem, der Geist, ist spirituell. Das Denken ist nur intellektuell. Der Geist ist also mehr als das Denken. Mit ihrem Denken haben Theologen Dogmen formuliert. Wo aber Geist ist, da ist Freiheit. Über die östlichen Religionen erfahren wir, daß richtiges Atmen und richtiger Geist zusammenhängen. Yoga-Übungen setzen richtiges Atmen voraus. In vielen alten Sprachen wird der Zusammenhang von Geist, Wind, Seele und Atem deutlich. Das Sanskrit-Wort »Atman« bedeutet Schöpfergott oder Seele und ist mit dem deutschen Wort »Atmen« verwandt. Ägypter, Griechen, Germanen, Inder und Römer verehrten den Geist, die Seele, den Atem, den Hauch als göttliches Prinzip. Die alte griechische Erkenntnis »Es ist der Geist, der sich den Körper baut« wird von Jesus durch seine Gleichnisse vom Samen und Wachsen bestätigt. Jeder und jede trägt das eigene Idealbild von sich *in* sich. In jedem von uns wohnt unsere eigene Zielgerichtetheit, die Entelechie. Religiös nennen wir diese in uns wohnende Kraft »Seele«, psychologisch sprechen wir von »psychischer Energie« und wissenschaftlich von »Entelechie«.

Die Lebendigkeit und Frische von Jesu Lehre und Leben nach 2000 Jahren ist der Beweis dafür, daß der Geist stärker ist als die Materie. Mich erinnert die Frische und Echtheit Jesu an die Weizenkörner, die den Toten in den altägyptischen Pyramiden beigelegt wurden. Wenn man heute – nach 4500 Jahren – diese alten Körner in fruchtbaren Boden einpflanzt, wachsen sie und bringen Früchte hervor wie eh und je! Die ihnen innewohnende Kraft des Wachstums ist unzerstörbar.

Siebtes Kapitel
Jesus: Angst oder Vertrauen?

> Jesus sagte zu der Frau: »Dein
> Vertrauen hat dich gerettet.« (Lk 7,50)
> Jesus sagte zu seinen Jüngern: »Wo ist
> euer Vertrauen?« (Lk 8,25)

Das Bild »Christus und die Kinder« von Emil Nolde auf dem Einband dieses Buches zeigt Jesus umgeben von Kindern mit offenen, frohen Gesichtern und strahlend-leuchtenden Augen. Ihr Blick spiegelt »Urvertrauen« zu dem Mann, der sich hilfreich zu ihnen hinabbeugt. Vor den Ansprüchen Erwachsener ist Jesus oft geflohen, hat sich ihnen entzogen, wollte keinen Starkult. Für Kinder aber hatte er immer und grundsätzlich Zeit. Sie verkörperten für ihn jenes kindliche Vertrauen, zu dem er aufrief. Während der letzten fünf Zeilen hat mich unsere Caren Maria dreimal gerufen. Als ich zu kommen zögerte, rief sie »Du mit deinem blöden Buch!«

Bei Jesus müssen Kinder das Gefühl gehabt haben, unter *allen* Umständen willkommen zu sein. Wenn ein Kind ruft, erwartet es, daß Vater oder Mutter *kommt*. Kinder werden krank, wenn Erwachsene ihnen nicht entgegenkommen, weil sie ja so oft mit »etwas Wichtigerem« beschäftigt sind. Das Urvertrauen eines Kindes besteht in dem Bewußtsein, daß es nichts Wichtigeres gibt als es selbst.

Kinder besitzen uneingeschränkt das Menschenrecht auf Entgegen-kommen. Zu demselben bedingungslosen Vertrauen, ja zur selben »Unverschämtheit« gegenüber Gott lädt Jesus ein.

Doch in Wahrheit ist unser Leben wenig vom Vertrauen, aber sehr von Angst geprägt.

Angst ist *die* Krankheit unserer Zeit. Noch nie hatten die Menschen so viel Angst wie heute, und noch nie hatten wir so viel Grund dazu. Wir sind vernünftig und führen Krieg. Wir sind verliebt und sind treulos. Wir haben Geld und sind habgierig. Wir reden von Sicherheit und bauen Atombomben. Und was ist der wahre Grund all dieser Ungereimtheiten und Verrücktheiten? Es ist die Angst.

Meine Angst vor der Angst

Am meisten Angst haben wir vor unserer Angst. Wir wollen sie nicht wahrhaben und verdrängen sie. Wer zugibt, daß er Angst hat, kann im Irrenhaus landen. Ein Kollege von mir hat es ausprobiert. Den Film dazu zeigten wir in »Report«. Der junge Reporter stellte sich zum »Autostop« auf die Straße. Am Ziel weigerte er sich auszusteigen. Dem Autobesitzer sagte er, er habe Angst. Dieser holte die Polizei. Die Polizisten fragten nach dem Grund der Angst. Mein Kollege nannte sehr ehrlich zwei Gründe: Atomkrieg und Umweltzerstörung. Eine Stunde später war er in eine Psychiatrische Klinik zwangseingeliefert. Freunde und Rechtsanwälte haben mehr als zehn Tage gebraucht, den Kollegen wieder herauszuholen und das »Experiment« zu erklären. Beim Thema Angst hört der Spaß auf. Diktaturen können sich nur so lange an der Macht halten, wie ihr System der Angst und Einschüchterung funktioniert. Zwischen 1933 und 1945 ließen sich fast alle Menschen von einem System der Angst gefangennehmen. Fast alle wußten, was sie taten, als sie dem verbrecherischen nationalsozialistischen System dienten: als gehorsame Deutsche, als treusorgende Ehemänner, als gute Familienväter, als erfolgreiche Beamte oder als pflichtbewußte Soldaten. Sie alle wußten, was sie taten, obwohl sie danach alle nichts gewußt haben wollten. Offenbar fällt es uns Menschen sehr schwer zuzugeben, daß wir Gefangene eines Systems der Angst waren oder sind. Auch ich wußte natürlich, was ich tat, als ich zwei Jahrzehnte lang die atomare Abschreckung, das heißt ein mögliches Super-Auschwitz für die ganze Welt, guthieß oder zumindest nicht dagegen protestierte. Als Journalist hätte ich alle Möglichkeiten dazu gehabt. Doch ich habe zu diesem atomaren Wahnsinn, von dem ich nichts Genaues wissen wollte, so geschwiegen, wie meine Eltern gegenüber dem nationalsozialistischen Wahnsinn geschwiegen haben, weil sie ebenfalls nicht Genaues wissen wollten.

Als damaliges CDU-Mitglied hätte ich gegen die Parteilinie aufmucken müssen, aber als Journalist hatte ich mit Widerständen der im konservativen Südwesten herrschenden politischen Mehrheiten zu rechnen.

Wer setzt sich schon gerne und freiwillig dem aus! So habe auch ich lieber verdrängt und geschwiegen und andere Themen behandelt. Ich habe getan, was die Generation vor mir auch getan hatte: Ich habe mich angepaßt – aus Angst. Aus Angst vor Unannehmlichkeiten. Aus Angst vor Unruhe. Aus Angst vor materiellen Nachteilen. Aus Angst, umdenken, umhandeln und umfühlen zu müssen. Aus Angst vor beruflichen Nachteilen. Aus Angst, mich ändern zu müssen, also aus Angst vor mir selbst. Was mich am meisten am Umdenken hinderte, war mein krankhaft gutes Gewissen, das ich einer formalisierten Religion verdankte. Es war eine verkirchlichte, jesusfremde Religion, die mich meine Angst ängstlich verdrängen ließ. Nicht die Angst war mein eigentliches Problem, sondern das Nichtwahrhabenwollen meiner Angst. Das Erschütternde an unseren Ängsten ist vor allem die Beteuerung, wir hätten gar keine Angst und auch keinen Grund zur Angst. Die Angst vor unserer Angst ist weit schlimmer als jede Angst. Die Angst vor unserer Angst macht uns nämlich umkehrunfähig. So ist auch nicht die Sünde das Problem unserer Zeit, sondern die Vorstellung, es gebe in dieser aufgeklärten Zeit gar keine Sünde mehr. So ist auch nicht die Atombombe das Hauptproblem unserer Zeit, sondern das krankhaft gute Gewissen, das die meisten gegenüber der Atombombe haben.

Erst eine Psychotherapie hat mir die Angst vor meiner Angst genommen. Danach war ich kein besserer Mensch. Aber ich sah etwas klarer – vor allem mich selbst. Das Heilmittel hieß: Vertrauen. So paradox es klingen mag: Als ich mir meine Angst einzugestehen begann, als ich nicht mehr vor mir selber perfekt sein mußte, als ich nicht mehr mein eigener Scharfrichter war, erst da lernte ich die Gegenmacht zu meiner Angst kennen: das Vertrauen. In dem Maße, wie ich nach den Ursachen der Angst zu fragen lernte, wuchs mein Vertrauen.

In der Leidensgeschichte Jesu tut kein einziger, was er eigentlich will: Pilatus nicht – er verurteilt Jesus nur widerwillig; die Henker und die Folterer nicht – so dürfen wir unterstellen; Judas nicht und auch die Freunde Jesu nicht – Petrus hat ihn ausgerechnet auf seinem Leidensweg verraten. So sind wir Menschen.

Die Angst der Menschen vor den Menschen ist so berechtigt wie die Furcht der Tiere vor den Menschen. Ronald D. Laing: »Wir essen sie, wir foltern sie, unsere wissenschaftlichen Labore sind die Folterkammer der Natur. Wir tun dies auf grausame Weise, ohne Skrupel, weitgehend ohne uns dessen bewußt zu werden und ohne es uns einzugestehen. Tun wir es doch, wird das Ganze mit einer Vielzahl von Betrügereien, Lügen, Falschmeldungen, Falschinformationen und allen Arten von Täuschungen niedergebrüllt.« Ich kann diesen Befund nur bestätigen.

Die Konflikte um die Fernsehsendung »Report Baden-Baden« haben mir dies zum Bewußtsein gebracht – das hatte ich vorher nicht glauben wollen. Wer die Wahrheit sagt, muß immer damit rechnen, niedergebrüllt und niedergebügelt zu werden – vor allem, wenn die Wahrheit die Interessen mächtiger Gruppen trifft.

Daß wir Menschen für uns und andere Arten soviel gefährlicher geworden sind als früher, liegt am technisch-wissenschaftlichen Fortschritt, den wir vor allem seit der »Aufklärung« und seit der industriellen Revolution gemacht haben. Allein in den letzten fünfzig Jahren haben wir drei neue Waffenarten erfunden, die jede für sich allein die Menschheit dutzendfach und unwiderruflich ausrotten können: nicht nur die atomaren, auch die biologischen und die chemischen Waffen. Hinzu kommen die Gefahren der

Kernenergie und der ökologischen Katastrophen, mit denen wir uns »spielend« ausrotten werden – wenn wir so weitermachen wie bisher.

Wer zeigt uns den Ausweg aus den Systemen der Angst und der Anpassung? Wer zeigt uns einen neuen Weg zum Leben?

Wir brauchen jetzt eine Aufklärung über die Aufklärung, wenn wir noch selbst an unsere eigene Rettung glauben und dafür arbeiten wollen. Und in erster Linie brauchen wir eine Aufklärung über uns selbst. Wir können zu anderen Planeten fliegen, aber über uns selbst – über die Ursache unserer Ängste – wissen wir noch nicht viel. Solange wir über unsere eigenen Ängste, die uns ja steuern und bestimmen, nicht mehr wissen, bleiben wir individuell gefährdet und leben als Menschheit in einer Irrenanstalt von planetarischen Ausmaßen. Angst und Furcht bestehen zwischen den Geschlechtern, zwischen den Generationen, zwischen den Völkern, zwischen den Supermächten, zwischen den Rassen, zwischen den Konfessionen und Religionen, zwischen Ost und West, zwischen Nord und Süd. Auf jeder Ebene unseres Daseins sind wir von Angst geprägt. Angst ist die eigentliche Ursache einer Politik mit Atombomben.

In Jesus habe ich *den* Aufklärer meiner Angst gefunden. Wir beginnen heute ganz von ferne zu ahnen, was das heißt: Mensch zu werden dadurch, daß wir konsequent unseren *eigenen* Weg gehen: Selbstbestimmung statt Fremdbestimmung. Das genau meinte Jesus, wenn er sagte: »Ich bin der Weg zur Wahrheit und zum Leben.« Und mit Bestimmtheit hinzufügte: »Folgt mir nach.«

Jesus konnte nur deshalb so reden, weil er sich dem allgemeinen Zwangsgesetz der Angst nicht unterwarf.

Wie ging Jesus mit der Grundfrage unseres Lebens Angst oder Vertrauen konkret um?

> Da kamen einige Pharisäer zu Jesus und warnten ihn: »Verlaß diese Gegend und geh anderswohin; Herodes will dich umbringen!« Jesus antwortete: »Geht und

sagt diesem Fuchs: ›Ich vertreibe böse Geister und heile Kranke heute und morgen, erst am dritten Tag werde ich am Ziel sein. Aber heute und morgen und auch am Tag danach muß ich meinen Weg gehen. Denn es ist undenkbar, daß ein Prophet außerhalb von Jerusalem umgebracht wird.‹« (Lk 13,31–33)

Ihr Plan war mit Herodes abgesprochen. Die Pharisäer *und* Herodes wollen ihn aus Galiläa nach Jerusalem vertreiben, denn dort kann ihn die römische Besatzungsmacht oder die Tempelbehörde viel leichter ergreifen als da, wo Jesus sehr viele Anhänger hat. Also müssen sie ihm Angst machen: »Verlaß diese Gegend..., Herodes will dich umbringen.«

Jesus durchschaut ihr böses Spiel mit der Angst und läßt Herodes ausrichten, was er von ihm hält: Du alter Fuchs, ich werde »meinen Weg gehen« und heilen und böse Geister austreiben, solange ich will und wo ich will. Danach allerdings gehe ich nach Jerusalem, »denn es ist undenkbar, daß ein Prophet außerhalb Jerusalems umgebracht wird«.

Der Realist Jesus wußte, daß die Falle bereits gestellt war. Aber er bestimmte souverän und angstfrei das Tempo. Wo Existenzangst Menschen zu Lügnern macht, reden sie angepaßt, handeln sie angepaßt, ja denken sie sogar angepaßt, oft päpstlicher als der Papst. Ganz anders Jesus: Er handelt eigenverantwortlich und redet frei denkend. Er hat vor Menschen keine Angst, weil er allein Gott verantwortlich ist. Sein Gewissen sagt ihm: Ich muß ins Zentrum der Macht, nach Jerusalem. Auch das Herz der Mächtigen muß er zu erreichen und zu bewegen versuchen.

Irgendwann muß es für Jesus klar gewesen sein: An Jerusalem führt kein Weg vorbei, wenn ich mir selbst treu bleiben will. Nüchtern, entschlossen und realistisch sieht er der Todesgefahr ins Auge und – geht seinen Weg.

Markus kommentiert Jesu aufrechten Gang zu den Mächtigen:

Sie waren auf dem Weg nach Jerusalem; Jesus ging ihnen voran. Seine Begleiter waren erschrocken, die Jünger aber hatten Angst. (Mk 10,32)

Die Jünger hatten Angst, Jesus ging ihnen voran – nicht blind, sondern sehr wach. Er ging nicht leichtsinnig, ja nicht einmal freiwillig in den Tod, sondern konsequent seinen Weg, wissend, was das letztlich bedeuten konnte.

Jesus wollte für sich nicht das Leid, sondern die Freude, nicht den Tod, sondern das Leben. Aber er akzeptierte das Leid, er nahm es in Kauf für seine Überzeugung. Jesus war nicht schicksalsergeben, sondern frei und konsequent in seiner Haltung. Er wollte nicht den Tod, er wollte die Umkehr auch der Mächtigen.

Auch Jesus hatte Angst

Über die Angst und Furcht seiner Jünger war Jesus traurig. »Gerade ihnen erklärte er wieder und wieder das ›Geheimnis der Gottesherrschaft‹, daß diese Welt nur erlöst werden kann, indem man die Angst vor der Angst der anderen verliert und sich mitten in den Herd aller Verdrängungen und Vermeidungen hineinbegibt.« (Eugen Drewermann)
Auch Jesus hatte Angst. Er wäre kein Mensch gewesen, wenn er vor Kreuzigung und Folter, vor Leid und Schmerz und Tod nicht Angst gehabt hätte. Er schwitzte Blut am Ölberg und schrie vor Schmerz und Verzweiflung am Kreuz. Doch er überwand diese Angst. Die ihn zum Tod verurteilten, waren Gefangene ihrer Angst. Nur aus Angst davor, frei zu entscheiden, töteten sie ihn. Die ihn beseitigen wollten, hatten alle etwas zu verlieren: Amt und Würden, Titel und Glauben, Geld oder Macht, Privilegien und die trügerische Sicherheit einer zum Gesetz versteinerten Religion.

Jeder, der in dieser Welt versucht, über eine Rotkreuz-Moral hinaus Strukturen in Frage zu stellen – zum Beispiel militärische oder solche der Atomwirtschaft, der chemischen Industrie oder auch die Strukturen eines politischen

Machtapparates –, wird sofort an Grenzen stoßen, weil er Ängste mobilisiert. Jesus wurde gekreuzigt, weil er Strukturen in Frage stellte und damit die grundsätzliche Frage nach der Umkehrfähigkeit von Menschen in den herkömmlichen Strukturen stellte. Wenn die Machtfrage gestellt wird, hört der Spaß auf – das wissen alle Journalisten, egal ob sie in Diktaturen oder in Mehrparteiensystemen arbeiten. Der Realist Jesus kannte die Ängste der Machtmenschen und der Privilegierten und spricht am Schluß der Leidensgeschichte auch kein einziges kommentierendes Wort mehr. Jesus wußte, wenn Worte nichts mehr nützen, kommt es allein auf *Werke* an, und ging seinen Weg. *Diese* Konsequenz zeichnet Jesus vor allen Menschen vor ihm und nach ihm aus.

Was Jesus exemplarisch vorlebte, ist auch denen möglich, die versuchen, ihm nachzufolgen. Es ist dabei keine Relativierung des vorigen Satzes, wenn ich realistischerweise hinzufügen muß: Nachfolge ist immer der *Versuch* der Nachfolge.

Am deutlichsten und damit zugleich am ärgerlichsten formuliert Jesus das, was er unter einem »neuen Leben« für »neue Menschen« versteht, in der Bergpredigt:

> »Darum sage ich euch: Macht euch keine Sorgen um Essen und Trinken und um eure Kleidung. Das Leben ist mehr als Essen und Trinken, und der Körper ist mehr als die Kleidung. Seht euch die Vögel an! Sie säen nicht, sie ernten nicht, sie sammeln keine Vorräte – aber euer Vater im Himmel sorgt für sie. Und ihr seid ihm doch viel mehr wert als alle Vögel! Wer von euch kann durch Sorgen sein Leben auch nur um einen Tag verlängern? Und warum macht ihr euch Sorgen um das, was ihr anziehen sollt? Seht, wie die Blumen auf den Feldern wachsen! Sie arbeiten nicht und machen sich keine Kleider; doch ich sage euch: Nicht einmal Salomo bei all seinem Reichtum war so prächtig gekleidet wie irgendeine von ihnen. Wenn Gott sogar die Feldblumen so ausstattet, die heute blühen und morgen verbrannt wer-

den, wird er sich dann nicht erst recht um euch kümmern? Habt doch mehr Vertrauen!
Macht euch also keine Sorgen! Fragt nicht: ›Was sollen wir essen?‹ – ›Was sollen wir trinken?‹ – ›Was sollen wir anziehen?‹ Damit plagen sich Menschen, die Gott nicht kennen. Euer Vater im Himmel weiß, daß ihr all das braucht. Sorgt euch zuerst darum, daß ihr euch seiner Herrschaft unterstellt, und tut, was er verlangt, dann wird er euch schon mit all dem anderen versorgen. Quält euch nicht mit Gedanken an morgen; der morgige Tag wird für sich selber sorgen. Ihr habt genug zu tragen an der Last von heute.« (Mt 6,25–34)

Ist Jesus nicht doch ein Phantast, zumindest ein realitätsferner Idealist? Dieser Text scheint ja auf den ersten Blick ein Hohn auf unseren Alltag zu sein, der eben mehr von Sorge und Angst anstatt von Vertrauen und Glauben geprägt ist. Noch vor zehn Jahren habe ich diesen Text für eine harmlose Spinnerei gehalten. Heute ist mir klar: Die Bergpredigt ist kein Heimatroman, sondern *der* Wegweiser zu unserer wahren Heimat.

Erst beim Meditieren dieses Textes kann man spüren, was Jesus unter Vertrauen versteht: Laßt euch nicht auffressen von euren Alltagssorgen. Diese sind wichtig, aber es gibt Wichtigeres.

Gott, der dich und mich als einmaliges Lebewesen unter Milliarden Menschen vor uns und Milliarden Menschen nach uns schuf, hat von Ewigkeit her an dich und mich gedacht und wird dich und mich in Ewigkeit nicht vergessen. Kein Sandkorn ist mit einem anderen identisch, kein Blatt mit einem anderen, keine Schneeflocke mit einer anderen und schon gar kein Mensch mit einem anderen. Aber nur wir Menschen sind uns unserer Individualität und Einmaligkeit bewußt. Nur Menschen können »ich« sagen.

Das ist das Gottesbild und die Weltanschauung des Bergpredigers: Gott schläft in den Steinen, atmet in den Pflanzen, träumt in den Tieren, aber will in den Menschen erwachen! Gott will sich in uns und durch uns verwirklichen.

Keine Botschaft der Welt ist wesentlicher und erhabener als diese einmalige Botschaft der ewigen Liebe und des unendlichen Vertrauen-Könnens. Wir verdanken sie dem Gottsucher Jesus aus Nazaret. Gottes Liebe zu uns ist der unendliche Dialog eines unsterblichen Vertrauens. Wir sind nur wenige Jahrzehnte auf diesem Planeten, um unser eigenes Wesen zu finden und um zu lernen, wer wir sind. Der Mut, uns selber zu leben und damit auch andere in diese Wahrheit der Selbstbestimmung einzuführen, ist der wahre Gottesdienst. Immer wenn wir einen anderen Menschen von seiner Größe und Einmaligkeit überzeugen, kommen wir gemeinsam Gott ein Stück näher.

Noch immer aber gilt auch: Angst und Geld regieren die Welt!

Die Rüstungsindustrie macht weltweit die größten Geschäfte mit der Angst. Nur angstzerfressene Seelen können damit einverstanden sein, daß mehr Sprengstoff als Nahrungsmittel produziert wird. Fast jeder zweite Wissenschaftler ist mit seiner Arbeit an die Rüstungsindustrie gebunden. Literatur und Filme, Boulevard-Zeitungen und Illustrierte leben von Angst- und Horror-Erzeugnissen. In Zeiten angespannter Angst erreichen Informationssendungen im Fernsehen höhere Einschaltquoten als Unterhaltungssendungen. Nicht trotzdem, sondern gerade deshalb ist Jesu Alternativ-Programm heute wieder so attraktiv:

> »Bittet, und ihr werdet bekommen! Sucht, und ihr werdet finden! Klopft an, und man wird euch öffnen! Denn wer bittet, der bekommt; wer sucht, der findet; und wer anklopft, dem wird geöffnet. Wer von euch würde seinem Kind einen Stein geben, wenn es um Brot bittet?«
> (Mt 7,7–10)

Die Tiefenpsychologie und der psychotherapeutische Alltag bieten massenhaft Belege dafür, wie heilsam Vertrauen ist und wie zerstörerisch Mißtrauen. Es gibt eine dynamische Beziehung zwischen psychischer Entwicklung und Umwelt, ja sogar zwischen Innenentwicklungen und politischen Entwicklungen. Das markanteste Beispiel der letzten Jahre: Ohne die innere Entwicklung vieler Menschen, angestoßen von der Angst vor dem Atomkrieg, hätte es keine Friedensbewegung gegeben. Ohne Friedensbewegung im Westen hätte sich Michail Gorbatschow im Osten nicht auf den Weg der Reformen machen können. Ohne diese ersten Reformansätze im Osten hätte es kein ost-westliches Abkommen über die Beseitigung der Mittelstreckenraketen gegeben. Der sichtbaren Entwicklung außen ging der unsichtbare innere Wandlungsprozeß vieler Menschen notwendig voraus. »Innen wie außen« nannten alle Mystiker dieses Gesetz der Zusammenhänge. Nachfolge heißt lernen, auf sein Unbewußtes zu hören, gegen den Strom zu schwimmen heißt, Ablehnung, Unverständnis und Widerspruch riskieren. Nachfolge heißt, die Angst vor der Angst der anderen verlieren.

»Die Angst der Existenz beruhigt sich nur durch das Vertrauen in die Liebe einer anderen Person. Diese Person aber kann nie ein Mensch, nur Gott allein dem Menschen sein« (Eugen Drewermann). Wir sehen es heute täglich in der Politik, im Berufsalltag und in jeder Familie: Nichts schließt die Liebe mehr aus als die Angst. Und die Angst ist die Erst-Ursache jeder Neurose. Zwei Mitglieder des CDU-Bundesvorstandes sagten mir unter vier Augen: »Das 100-Milliarden-Rüstungsprojekt ›Jäger 90‹ ist Wahnsinn.« Wenn ich sie jedoch bitte, mir das vor der »Report«-Kamera zu sagen, haben sie Angst um ihren Posten. Und ein führender CDU-Politiker sagte mir: »Den Jäger 90 müßt ihr Journalisten verhindern.« So schwach und feige sind die starken Männer! Solche Erfahrungen mit der Angst der Herrschenden machen Journalisten ständig. Ein CDU-Bundesminister erklärte mir, lange bevor die Bundesregierung die atomare Wiederaufarbeitungsanlage in Wackersdorf aufgegeben hatte: »Wackersdorf ist unverantwortlich.« Als ich ihn bat, dies doch öffentlich zu sagen, lehnte er ab mit der Begründung: »Dann schmeißt mich Helmut Kohl raus.«

Wie schwer es auf politischer Ebene ist, jahrzehntelang vorherrschende Angst wieder abzubauen, zeigt die ängstliche Reaktion des Westens auf die Abrüstungsvorschläge Michail Gorbatschows. Es war offenbar viel leichter, Atombomben zu bauen, als sie jetzt wieder abzuschaffen. Angst zu machen ist offensichtlich einfacher, als Angst zu nehmen. Alle Kriege sind ein Beweis dafür; jeder zittert ängstlich um sein Leben und will aus schierer Angst vor dem andern den andern nicht mehr leben lassen. Aus Angst vor dem Tod können wir nur noch den Tod verbreiten. Dasselbe böse Spiel der Angst findet in jedem Ehe-Krieg statt. Abrüstungsverhandlungen sind dann erfolgreich, wenn immer mehr Menschen begreifen, daß weder »der« Osten noch »der« Westen unser Feind ist, sondern das Böse in uns, das zu der uns *alle* bedrohenden nuklearen Gefahr geführt hat.

Die Angst ist ein Gottesgeschenk

Angst beherrscht uns von morgens bis abends und verfolgt uns noch in unseren Träumen:

- Die Angst um den Arbeitsplatz lähmt heute jede Diskussion über den Sinn der Produktion von giftigen, umweltgefährdenden und friedensgefährdenden Gütern.
- Die Angst vor dem Alleinsein lähmt viele notwendigen Auseinandersetzungen über den Sinn lieblos gewordener Ehen.
- Die Angst vor Konkurrenz führt in Wirtschaft und Werbung unaufhörlich zu Lug und Trug und Täuschung.
- Die Angst vor dem Machtverlust verstrickt Politiker in Unwahrhaftigkeit, Manipulationen und Verbrechen.
- Die Angst vor dem schmerzhaften Verlust des Feindbildes hindert westliche Politiker, die Umwandlungen in der Sowjetunion realistisch einzuschätzen und entsprechend zu reagieren.
- Die Angst um die Karriere läßt Journalisten oft nur berichten, was ankommt, und nicht, worauf es ankommt.
- Die Angst um ihre Autorität verführt Eltern dazu, Kindern absichtlich Angst einzujagen. In ihrer ängstlichen

Blindheit merken sie gar nicht, daß sie gerade dabei den letzten Rest von Autorität verlieren.
- Die Angst des Papstes, nicht mehr alles im Griff zu haben, läßt ihn Kritiker ausgrenzen, anstatt sich ihrer Kritik zu stellen.
- Die Angst vor dem eigenen Körper bindet viele Männer in den Kirchen an eine leib- und frauenfeindliche Tradition. Eher verzichten sie auf die schönsten Lebensfreuden oder heucheln, als daß sie nach den Ursachen ihrer Angst und Neurosen forschen.

Die Angst ist eine starke Kraft, die wir uns von Beruhigungspolitikern und Vertröstungstheologen niemals ausreden lassen dürfen. Es gibt im Atomzeitalter viele Gründe, sehr viel Angst zu haben. Entscheidend aber ist, daß wir nach den Ursachen der Angst forschen und diese Ursachen zu beseitigen suchen.

»Wer auch immer Angst hat, hat Grund dazu. Es gibt nicht wenige Patienten, denen man Angst einjagen muß, weil sie aus Instinktverkümmerung keine mehr haben« (C. G. Jung.).

Die Angst ist ein Gottesgeschenk, das uns lebensrettende Signale vermittelt. Doch Menschen, die ihre Angst verdrängen, anstatt produktiv mit ihr zu arbeiten, werden ihre Ängste immer in autoritäres Verhalten umsetzen.

Die große Schauspielerin und Jüdin Ida Ehre wurde kurz vor ihrem Tod gefragt, wie sie es geschafft habe, noch im Konzentrationslager anderen ein Vorbild zu sein. Ihre kurze Antwort: »Ich hatte ein unendliches Gottvertrauen.« Dieses Urvertrauen kann und muß im Alltag eingeübt werden, wenn es im Leid tragen soll. Der Alltag ist die Nagelprobe und das entscheidende Übungsfeld. Wir können diese jesuanische Grundregel aufstellen: Je mehr Gottvertrauen, desto weniger Menschenangst, und je weniger Gottvertrauen, desto mehr Menschenangst. Statt Gottvertrauen können wir auch sagen Urvertrauen oder Selbstvertrauen. In Seelen, die von Angst zerfressen sind, kann das Bild eines liebenden Gottes niemals wachsen.

Der Mensch ist das einzige Lebewesen, das lernen kann, mit seiner Angst zu leben. Wenn wir diese Kunst heute nicht lernen, dann ist das Atomzeitalter das Ende der Menschheit. Es ist buchstäblich unsere letzte Chance, in der Schule Jesu die Angst überwinden zu lernen. Seine Frage heißt: »Wo ist euer Vertrauen?« Seine realistische Antwort: »Habt keine Angst vor denen, die den Leib töten, aber die Seele nicht töten können.« (Mt 10,28)

Vertrauen heilt

Nur Vertrauen heilt. Jesus hat durch seine Haltung gezeigt, daß unsere Angst immer in unserem eigenen Herzen liegt, niemals in der Hand des von uns Gefürchteten. Angst führt zu Menschenvergötterung. Erst wenn ich mich von der Angst vor Eltern und Vorgesetzten, Lehrern und Politikern, Freunden und Partnern emanzipiere, werde ich frei und offen für angstbefreiende göttliche Erfahrungen und Eigenerfahrungen. Was immer dann passiert, es kann mir nichts mehr passieren.

In Gebet und Meditation lerne ich:
- Ich bin eine unsterbliche Seele.
- In mir lebt eine einzigartige Bestimmung.
- Ich soll mich selbst verwirklichen.
- Ich gehöre als menschlicher Teil einer göttlichen Ganzheit an.
- Ich erkenne in meinem Gewissen die göttliche Instanz in mir.
- Meine Seele ist ein göttlicher Energiestrahl, aus der Ewigkeit kommend und in die Ewigkeit zielend.
- Ich bin ein Kind der Sterne. Meine Seele leuchtet wie eine Sternschnuppe auf diesem Planeten und verglüht danach wieder in die Ewigkeit.
- Milliarden Zellen bilden meinen Organismus, so wie Milliarden Menschen eine Menschheit bilden und Milliarden Sonnen unsere Galaxie und Milliarden Galaxien den Kosmos Gottes.

Die Wirkkraft des Vertrauens im Großen beginnt durch Vertrauensübungen im Kleinen; großes Vertrauen beginnt mit Selbstvertrauen. Selbstvertrauen hängt wesentlich mit Selbstliebe und mit einem gesunden Egoismus zusammen. Unter den vielen absurden Vorstellungen über die Liebe ist diejenige, wonach die Liebe zwischen Mann und Frau selbstlos sei, die absurdeste. Vor allem Frauen meinen häufig, sie liebten nicht selbstlos genug. Ich möchte nicht der Partner einer selbstlosen Frau sein. Reife Liebesbeziehungen zeichnen sich gerade dadurch aus, daß wir auch den zweiten Teil dieses wichtigen Satzes verstehen: »Liebe deinen Nächsten wie dich selbst.« Ohne Eigenliebe, ohne Egoismus, ohne Selbstvertrauen vermag ich einen anderen gar nicht zu lieben. Gesunder Ego-ismus und Zufriedenheit mit mir selbst sind geradezu die Voraussetzung für die wahre Liebe. »Zu lieben heißt, mich in dir zu sehen und mich durch dich genießen zu wollen – das kann man wohl nicht als uneigennützig bezeichnen. Und doch ist das der Inbegriff der Liebe.« (Nathaniel Branden)

Wenn ich den anderen liebe und streichle wie mein eigenes Leben, tue ich nichts Selbstloses. Und wenn wir in unseren Partnerschaften Zeit haben füreinander, gemeinsam reden und träumen, schweigen und schmusen, gar nichts tun, sondern einfach zusammensein wollen, dann geht es immer auch um mein Wohlbefinden. Ich möchte nicht, daß meine Frau die Zeit, die wir gemeinsam verbringen, als Selbstaufopferung versteht, sondern als Lebenslust und Lebensfreude. Wenn ich meine eigenen Bedürfnisse und Wünsche einer Partnerschaft und Liebe – auch die intimsten – *immer* unterordne, schade ich uns beiden. Dies gilt für beide Partner. Eine Partnerin, die auf Dauer nur *mir* gefallen will, kann mir auf Dauer überhaupt nicht gefallen. Sie hat Angst und kein Selbstvertrauen. Nur wenn der andere oder die andere meine eigene Freude spürt und erlebt, kann Liebe reifen und Vertrauen wachsen.

Das Wunder vieler Heilungsgeschichten im Neuen Testament besteht »nur« darin, daß die Kranken lernen, wieder ihren eigenen Willen zu bekommen, sich selbst zu vertrauen und den Widerstand gegen die eigene Angst zu überwinden. In vielen Wundererzählungen wird die Einheit von Gottvertrauen und Selbstvertrauen oder die Einheit von Religion und Psychotherapie deutlich. Die einzige Aktivität Jesu dabei ist oft die Frage: »Willst du gesund werden?« Jesus selbst weiß, daß er gar nichts wollen darf, er ist nur »Mittler«. In dem Augenblick, wo er etwas wollen würde, wäre Heilung so unmöglich wie dort, wo die Kranken selbst nicht geheilt werden wollen. Das Wunder geschieht immer in der Tiefe der Seele des Kranken durch Rückkehr des Vertrauens.

Die Rückkehr des Vertrauens an die Stelle der bisherigen Angst hat Jesus bei vielen bewirkt. Das kann er auch heute noch, wenn wir es zulassen. Das Vertrauen in Gott wirkt nicht übernatürlich, sondern ganz natürlich. Die Lebensenergie Gottes durchströmt den ganzen Kosmos und auch jeden Menschen. Durch Mißtrauen kann diese Lebensenergie zwar blockiert, aber durch neues Vertrauen auch wieder freigesetzt werden. Das ist kein Zaubertrick, den Jesus parat hat, sondern das natürlichste Heilmittel der Welt. So hat er »Wunder« gewirkt: Lebensenergie durch Gottvertrauen!

Die Empfänglichkeit für die göttliche Lebensenergie hält Jesus für grenzenlos:

> »Ich versichere euch: Wenn euer Vertrauen auch nur so groß ist wie ein Senfkorn, dann könnt ihr zu diesem Berg sagen: ›Geh von hier nach dort‹, und er wird es tun. Dann ist euch nichts mehr unmöglich.« (Mt 17,20)

Gemeint ist hier nicht irgendein blinder Glauben nach Vorschrift, sondern die grundsätzliche Möglichkeit, mit Gott als dem Urgrund allen Seins schöpferisch zu leben.

Jesus meint: Das kann jede Frau und jeder Mann, die sich öffnen für ihr wahres Sein.

Beim Beobachten eines verängstigten Kindes können wir es lernen: Es beruhigt sich rasch in den Armen eines vertrauenswürdigen Menschen. Nirgendwo läßt sich die Dynamik und Wirkkraft des Vertrauens intensiver beobachten und üben als in unserem Privatleben, in Schule und Beruf.

Jesus am Kreuz in tiefster Not und schrecklichster Gequältheit: »Vater, in deine Hände lege ich meinen Geist.« (Lk 23,46)

C. G. Jung drückt dieses Urvertrauen, das alle Angst überwindet, am Schluß seines Lebens so aus: »Ich weiß nur, daß ich geboren wurde und existiere, und es ist mir, als ob ich getragen würde...«

Bisher war es möglich, die Weisungen der Bergpredigt zu belächeln. Heute erweisen sie sich für jeden Realisten als Magna Charta der Zukunft. Ohne eine fundamental neue Einstellung zu den wichtigsten Antriebskräften des Menschen wie Hunger und Sexualität, Angst und Macht wird es bald keine Menschen mehr geben auf diesem Planeten. Die Zukunft gehört allein den »neuen Menschen«, die – wie Jesus – auf die Wandlungsfähigkeit der menschlichen Psyche vertrauen.

Vertrauen: Die seelische Kernenergie

Es ist die Angst, die uns ins Atomzeitalter führte. Vertrauen ist die *seelische* Kernenergie, mit deren Hilfe wir die Sackgassen des Atomzeitalters verlassen können. Gott oder die Bombe? Wem vertrauen wir? Die Frage ist so religiös wie politisch. An dieser Frage wird das am Anfang des Buches zitierte Gandhi-Wort existentiell für die gesamte Menschheit, wonach uns im Atomzeitalter nur noch eine spirituelle Politik retten kann.

Jesus ist *der* Vertreter des Prinzips Hoffnung. Auch das Prinzip Hoffnung meint Jesus – anders als die materialistischen Vertreter dieses Prinzips – ganzheitlich. Seine Hoffnung wird gespeist aus Vertrauen: Urvertrauen, Menschenvertrauen *und* Gottvertrauen. Trau dich, ganz zu lieben, dann wirst du richtig leben.

Achtes Kapitel:
Mit Jesus in die neue Zeit

»Was hat ein Mensch davon, wenn er die ganze Welt gewinnt, aber Schaden an seiner Seele erleidet?« (Mt 16,26)

Sterbende Meere, sterbende Wälder, sterbende Robben, tote Fische, tote Flüsse, atomarer Supergau, Chemie-Katastrophen, Luftverschmutzung, Smog-Alarm, Müllnotstand, Asbest in Gebäuden, Formaldehyd überall, Oliven- und Kälberskandal, Klimakatastrophe und Ozonloch: eine umweltpolitische Schreckensliste! Eine unendliche Geschichte! Wie lange noch hält der Planet dies aus? Wie reagieren die Politiker? Worte, Worte, wenig Taten!

100000 chemische Altstoffe belasten uns – doch nur 50 werden von den zuständigen Umweltbehörden jährlich untersucht. Und täglich kommen über 800 neue synthetische Chemikalien dazu, deren toxische Auswirkung in der Zukunft verheerend sein kann. Die Gentechnologen sind gar dabei, im Baukasten Gottes, in der Evolution selbst, herumzubasteln. *Die* Frage des nächsten Jahrhunderts wird heißen: Respekt vor dem Leben oder gentechnologische Manipulation aller Lebewesen? Nicht mehr zwischen links und rechts, sondern an dieser Frage werden sich die politischen Geister scheiden. Gen-etik oder Gen-ethik?

Es gibt kein einziges Beispiel, wo Wissenschaftler und Forscher freiwillig auf eine mögliche Großtechnologie verzichtet hätten! Wir wissen viel über unsere Taten, aber wenig über uns, die Täter. Hier liegt das Problem. Es geht jetzt weniger um das Machen-Können als um das Sich-bescheiden-Können. Wenn das bisher nicht geklappt hat, warum bilden wir uns dann noch weiterhin ein, es alleine zu schaffen ohne ein großes Vorbild wie Jesus von Nazaret? Solange wir die Vergewaltigung unserer Mutter Erde »Wissenschaft« nennen und das Aussterben von Tier- und Pflanzenarten »Fortschritt«, so lange sind wir auf einem Weg, an dessen Ende wir selber zugrunde gehen.

In den Seelen vieler Menschen erwacht in dieser schier ausweglosen Situation das Bild eines neuen Jesus, eines Jesus der Zukunft. Die wirkliche Wende vom patriarchalisch bestimmten Atomzeitalter in ein neues, ökologisches Zeitalter, den Durchbruch zu einer humanen Zukunft, schaffen wir aber auch mit Jesus nur, wenn die bis jetzt noch verborgenen Intentionen seiner Botschaft erkannt und gelebt werden. Nicht der Jesus des Patriarchats, sondern der neue Jesus, der anima-integrierte Jesus, ist der Prophet eines neuen Zeitalters. Jesus hat nicht die Fortsetzung des Alten gemeint, auch nicht die Harmonisierung mit dem Alten Testament. Jesus hat mit allen Traditionen da gebrochen, wo ihm diese einer neuen Zukunft wegen hinderlich schienen. Deshalb will ich jetzt im letzten Kapitel über den Jesus der Zukunft nachdenken. Jesus, der erste neue Mann, ist das Modell für den Menschen der Zukunft.

Hanna Wolff berichtet diesen Traum eines Mannes: »Ein Mann geht mitten auf einer steil ansteigenden Straße. Die Straße ist nicht sehr gangbar. Die Ränder sind kahl und so hoch, daß man keinerlei Aussicht hat. Das Auffallendste: Der Mann stapft voran mit einem Sack über den Kopf gestülpt. Ich laufe hinzu und sage: He, nehmen Sie doch den Sack vom Kopf! Er: Das geht nicht! Ich: So können Sie den Weg ja überhaupt nicht sehen, Sie werden stolpern und fallen. Er: Im Gegenteil, wenn ich den Sack abziehe, komme ich vom Weg ab. Wenn nur das innere Auge offen ist! Völlig verblüfft lasse ich ihn weiterstapfen. Dann laufe ich aber doch noch hinterher und rufe: Was soll das alles, warum tun Sie das? Er: Um Gott näherzukommen. Ich bemerke, daß der Mann unterdessen eine Anhöhe erschritten hat, grüne Landschaft wird sichtbar, der Weg ist ebener.«

In diesem Traum wird sehr deutlich, wo unser wahres Steuerungsinstrument ist: innen. Buddhisten sprechen vom

»inneren Auge« oder vom »dritten Auge«. Jesus hat ähnliche Bilder gebraucht. »Das Reich Gottes ist in euch.« Wer Gott näherkommen will, muß sich auf den Weg nach innen machen. C. G. Jung spricht von der selbstregulierenden Fähigkeit der Psyche. Jesus hat ihr ohne Einschränkung vertraut. »Was hat ein Mensch davon, wenn er die ganze Welt gewinnt, aber Schaden erleidet an seiner Seele?« (Mt 16,26). Mit dieser zentralen Feststellung wird Jesus der Entdecker der Seele, der Menschen verwandeln und heilen und empfehlen kann: Folgt mir nach! Nicht Anbetung, Nachfolge ist das Rezept. Jesus hatte und hat Millionen Anbeter und Millionen Anhänger, aber kaum Nachfolger. Deshalb hat sich in 2000 Jahren nicht viel geändert.

Ein An-hänger hat keinen eigenen Motor. Nachfolgerinnen und Nachfolger aber vertrauen auf ihren eigenen Motor und machen sich mit offenen, nach innen und außen offenen Augen auf den Weg der Nachfolge, auf den Weg der Bewußtwerdung. Bewußtheit erfordert Tiefe. Das ist der einzig wahre Weg zur weiteren Menschwerdung. Jesus hatte nicht den geringsten Zweifel, daß Menschen *alles* können, wenn sie *wirklich* alles *wollen*. Die Seele ist für Jesus identisch mit dem göttlichen Kern in uns. Wenn sich dieser göttliche Kern in uns entfalten kann, dann wird unser Beruf identisch mit Berufung, dann wird das gesunde Innen heilend nach außen auf die Umwelt wirken, dann wird sich unsere Arbeitsauffassung radikal wandeln, dann wird Arbeit Gottesdienst. Dann ist nicht mehr Geldverdienen der Sinn unseres Tuns, sondern das Dienen.

Hans Endres weist darauf hin, daß »Arbeit nur dann wirklich Arbeit ist, wenn sie gleichzeitig Gebet ist«. Wobei Gebet richtig betont werden muß: »Gé-bet«. Arbeit als ein Geben meint Arbeit, die Freude und Glück und Sinn verheißt. Also das Gegenteil der Arbeit, die uns heute oft so freudlos, gehetzt und krank macht. Das ist kein naiver Aufruf zum Verzicht aufs Geldverdienen. Nur der Hinweis, daß dienend Geld verdienen gesund macht, während die üblich gewordene Raffgier krank macht.

Unserem innersten Wollen und Sollen entspricht die Form des dienenden Geldverdienens. Dienend verdienen ist in Wahrheit unser innerer Wunschtraum. Und jeder junge Mensch träumt diesen Traum, indem er seinen Traumberuf sucht. Unser Traumberuf als Erfüllung des Wunschtraumes ist immer nur der, den wir mit Enthusiasmus ausüben. Im Wort »Enthusiasmus« steckt das griechische Wort theos = Gott. Unser Wunschtraum ist es also, an der Vergöttlichung der Welt durch unsere Arbeit, durch unseren Dienst, teilzuhaben. Ob wir Mist ausfahren oder Bücher schreiben, ob wir schweißen oder kochen, ist zweitrangig. Wichtiger als das, was wir tun, ist, wie wir etwas tun – wie und ob wir uns mit Begeisterung an der Vergeistigung und Vergöttlichung der Welt beteiligen.

Der Weg Jesu

Wie können wir an der Vergöttlichung der Welt teilhaben? Der Weg, den Jesus zeigt, ist – nach Hanna Wolff – gekennzeichnet durch folgende psychische Polaritäten:
- Sicherheit *und* Offenheit
  Jesus ist sicher. Zur Ehebrecherin sagt er: Tu's nicht wieder! Zum reichen Jüngling: Verkaufe alles, was du hast! In der Bergpredigt: Ich aber sage euch! Sag ja oder nein!
  Jesus ist zugleich offen: Er hat den Gott für *alle* gefunden; er schließt nicht aus, sondern ein.
  Seine Sicherheit korrespondiert nicht mit Sturheit und nicht mit Enge, sondern mit Weitherzigkeit.
- Warten können *und* spontan sein
  Jesus preist die Geduld als wichtige Tugend in den Gleichnissen vom Sämann und der von selbst wachsenden Saat. Dann aber schildert er die spontane Hilfsbereitschaft des barmherzigen Samariters als die richtige Reaktion des Herzens.
- Jesus ist engagiert *und* distanziert. Allen Schwachen gegenüber zeigt er engagiertes und heilsames Mitleid und Gefühl. Er ist barmherzig, fröhlich, er feiert, er ist zornig,

freut sich über das wiedergefundene Schaf und über die Heimkehr des verlorenen Sohns. Zugleich aber ist Jesus von einer Konsequenz und Härte, die uns oft erschreckt. So sagt er jedem, der gesund werden will: »Das hängt ganz von dir ab.« Du kannst, wenn du wirklich willst. Trau dich! Vertrau deinem inneren Therapeuten! Der Weg ist das Ziel! Deine Heilung beginnt mit *deinem* Tun, mit *deiner* Arbeit.

Das heißt: Der alte Spruch »Ich kann ja doch nichts ändern« ist nichts als eine billige Ausrede. Der Schweizer Pfarrer und Dichter Kurt Marti hat unsere alltägliche Feigheit und Denkfaulheit in einem kleinen Gedicht so beschrieben:

> Wo kämen wir hin
> wenn alle sagten
> wo kämen wir hin
> und niemand ginge
> um einmal zu schauen
> wohin man käme
> wenn man ginge.

Jesu Lehre und Jesu Leben sind grundsätzlich auf das Tun gerichtet. Dafür stehen seine Heilungen, seine Figur des barmherzigen Samariters, aber auch sein bekanntes Wort:

»Was ihr für einen meiner geringsten Brüder getan habt, das habt ihr mir getan.« (Mt 25,40)

Was Jesus seinen Gegnern am meisten vorwirft: »Sie *tun* gar nicht, was sie lehren.« (Mt 23,3)

Jeder arbeite mit den ihm anvertrauten Talenten, jeder lege sein Kapital gewinnbringend an – das ist Jesu zentrale Forderung. Nur im Tun erfahren wir Gott.

Was können wir tun?

Diese psychischen Spannungspole Jesu sind unser Maßstab, falls wir *wirklich* nachfolgen wollen:
— Freiheit *und* Verantwortung führen zu verantworteter Freiheit.
— Offenheit *und* Sicherheit führen zu Toleranz, nicht zur Neutralität.
— Geduld *und* Spontaneität führen zu organischem Wachstum.
— Engagement *und* Distanz führen zum Erfolg.

Daraus ergibt sich für einen Menschen, der auf Jesus vertraut, als konsequente Entwicklungsstrategie: im richtigen Augenblick mit den richtigen Leuten am richtigen Ort das Richtige tun. Dafür hatte Jesus eine geniale Intuition.

Entscheidend für den Erfolg dieses neuen Weges, den Jesus aufzeigt, ist das Maß unserer Selbstverantwortung und nicht die Summe von Bußübungen, wie Theologen durch die Jahrhunderte behauptet haben. Der wirklich erfolgreiche Weg ist der Weg von innen nach außen.

Jesus: »Nichts, was der Mensch von außen in sich aufnimmt, kann ihn unrein machen; nur das, was aus ihm selbst kommt, macht ihn unrein.« Hier ist *die* entscheidende Bewußtwerdungs-Revolution der Weltgeschichte grundgelegt. Der Grundsatz dieser neuen Bewußtseinsebene heißt: Nicht der Schein, das Sein entscheidet. Das *Wie* wird wichtiger als das *Was*.

Damit wird die moderne Leistungsgesellschaft radikal in Frage gestellt und als eine primitive, veräußerlichte Gesellschaft entlarvt. Im Geiste Jesu sind nicht die äußeren Maßstäbe wie Geld, Macht, berufliche Leistung oder sexuelle »Leistung« die entscheidenden Kriterien für »neue« Menschen, sondern innere Maßstäbe wie seelische Entwicklung, Bewußtwerdung, Vertrauen und Zärtlichkeit. Gerade in den reichen und satten, in den leistungsorientierten Gesellschaften spüren immer mehr Menschen, daß Geld und Karriere, Auto und Fernseher nicht glücklich machen. Die Außenfixiertheit deckt Jesus als seelische Armut auf. Deshalb ist er der Mann der Zukunft. Wir brauchen diesen Therapeuten.

Den »Kleingläubigen«, die wegen ihrer inneren Blockaden sofort wieder Einwände haben, sagt Jesus einen ungeheuren Satz, den die Kirchen richtig zu interpretieren sich noch lange nicht getrauen werden. Das phantastischste Jesus-Wort, das uns überliefert ist, heißt: »Ihr sollt vollkommen sein, wie euer Vater im Himmel vollkommen ist.« (Mt 5,48)

Ist das nicht reine Utopie? Können wir je vollkommen sein, vollkommen wie Gott? Unter Vollkommenheit versteht Jesus nicht moralische Perfektion, sondern jene Ganzheit und Einheit, die jeder, der sucht, auch finden wird. Das heißt: Es kommt nicht darauf an, daß wir morgen am Ziel sind, viel wichtiger ist es, daß wir uns *heute* auf den Weg machen.

»Die Vollkommenheit der Liebe«, sagt Thomas von Aquin, »besteht nicht in der Gewißheit der Erkenntnis, sondern in der Stärke des Ergriffenseins.« Praktisch heißt das: Mut zur Verantwortung, Mut zur selbstverantworteten Freiheit, Mut zum Risiko, keine Angst vor Blamage. *Dein* Gewissen ist entscheidend, nicht das, was andere dazu sagen. Werde der, der du sein kannst. Werde die, die du sein kannst! Frauen, die das Männliche in sich, und Männer, die das Weibliche in sich entwickeln, sind nicht länger »halbe« Frauen und »halbe« Männer, sondern haben sich auf den Weg der Ganz-Werdung gemacht. Jedes Individuum soll eine bewußte Beziehung zu seiner maskulin-femininen Polarität aufnehmen, um ein ganzer Mann und eine ganze Frau zu werden. Jesus preist die Suchenden selig, nicht die Perfekten. Die Suchenden sind die Vollkommenen im Sinne Jesu.

Für eine verantwortbare Wirtschaft, Wissenschaft und Politik und für verantwortliche Menschen heißt der Weg Jesu:
– Friedensentwicklung statt weiterhin Gewalt und Ausbeutung zwischen Völkern und Menschen
– Ökologische Erziehung und ökologisch verantwortliches Leben statt Gewalt gegen die Natur
– Demokratisierung statt Machtstrukturen für Eliten
– Partnerschaft durch Harmonie von männlich und weiblich statt Männlichkeitswahn oder Weiblichkeitswahn.

Die kommende Ordnung ist männlich-weiblich. Das Zeitalter der Väter geht zu Ende – es widerspricht der göttlichen Ordnung und hat deshalb Krieg und Verbrechen, Ausbeutung, Hunger und Gemeinheit gebracht. Alles Leben geht aus der Ergänzung, aus dem Zusammenspiel zwischen Männlichem und Weiblichem hervor. Dieses Schöpfungsgesetz der Ergänzung, dieses Urgesetz der Liebe und des Zusammenspiels gilt in jeder Gemeinschaft: in Ehe und Familie, in Staat und Beruf, in der Völkergemeinschaft und in den Kirchen. Männerkirchen und Männerpolitik sind schöpfungswidrig. Alles drängt nach Geschwisterlichkeit. Elisabeth Badinter spricht von der »androgynen Revolution«.

Alle Polarität will Einheit. Pole sind nicht identisch, aber Pole gehören zusammen, sie bedingen und ergänzen sich. Mann und Frau sind nicht Gegensatz, sondern humane Ergänzung. Alles, was ist, ist polar. Mann und Frau sind die Pole der Einheit Mensch, die Pole in der Ganzheit.

Daß Frauen in Positionen einrücken, die ihnen bisher verwehrt waren, ist das bedeutendste äußere Zeichen am Beginn eines neuen Zeitalters. Das Gesetz der Ergänzung, das heißt das Gesetz der Emanzipation und Freundschaft von Mann und Frau, drängt nach Verwirklichung, solange es Leben gibt auf diesem Planeten. Dieses Wunder der Wandlung geschieht zur Zeit sogar in der Politik.

In Berlin und Schleswig-Holstein, auch in Norwegen, sind zahlenmäßig etwa gleich viel Männer und Frauen an einer Regierung beteiligt – äußere Zeichen des Fortschritts und der Hoffnung. Gegen alles Festhalten an den alten patriarchalischen Strukturen, das denkfaul und bequem gewordene Frauen oft noch intensiver praktizieren als ängstliche Männer, lehrt Jesus: Es ist nicht wahr, daß Menschen sich nicht ändern und nichts ändern können; daß wir immer nur Opfer der Umstände oder unserer Erziehung sein müssen. Es ist nicht wahr, daß wir chancenlos sind gegen den Panzer der Angst in uns. Beispiele:

– Vor zehn Jahren haben Christel und Rupert Neudeck in Troisdorf unter Hohn und Gelächter vor vielen Journalisten und gegen den Widerstand von Bundesregierung und Landesregierungen das »Komitee Notärzte – Cap Anamur« gegründet. Sie und ihre Helfer und die Spenden von Hunderttausenden Bundesbürgern haben mehr als 10 000 Boat people vor dem Ertrinken im Südchinesischen Meer gerettet und seither mehrere Zehntausende von Menschen in Afrika vor dem Hungertod. (Konto: Cap Anamur Troisdorf, Stadtsparkasse Köln 22 22 222).

– Die Religionslehrerin Rosi Gollmann in Bonn hat mit ihrer Andheri-Hilfe so viele Bundesbürger zum Spenden animiert, daß mehr als 500 000 Menschen in Bangla Desh, die blind waren, jetzt sehen können. Die einfache Operation des grauen Stars kostet 26 DM (Andheri-Hilfe, Bonn, Sparkasse Bonn 40 006).

– Die ehemalige Sekretärin Irmtraud Wäger in München hat nach ihrem Berufsausstieg angefangen, Patenschaften für tibetische Flüchtlingskinder zu vermitteln und 2000 Deutsche dazu animiert, mit DM 40,– pro Monat einem tibetischen Kind Schule oder Berufsausbildung zu finanzieren (Deutsche Tibethilfe, München, Postgirokonto München 104600-801).

– Eine Bekannte von uns hat acht behinderte Waisenkinder aus der Dritten Welt adoptiert und 2000 Adoptionen in den USA und Kanada vermittelt. Als das kanadische Parlament mit einem Gesetz diese Adoptionen verbot, hat sie mit einem Hungerstreik erreicht, daß das Gesetz wieder geändert werden mußte. Diese Frau war konsequent, gewaltfrei und erfolgreich.

– Die 21jährige Studentin Sophie Scholl, die wegen ihres Widerstandes gegen die Nationalsozialisten am 22. Februar 1943 mit dem Fallbeil hingerichtet wurde, zitiert in der »Weißen Rose« mehrmals die Mahnung aus dem Jakobus-Brief: »Seid nicht nur Hörer des Worts, sondern auch Befolger.« Sophie Scholl scheint äußerlich gescheitert, ist aber heute Vorbild für Tausende. Das ist die Schule Jesu: Freiheit, Hoffnung, Widerstandskraft und Lebenswille bis zum Tod. In den vierziger Jahren war Sophie Scholl noch eine einsame Vorbotin einer neuen Zeit.

- In den siebziger Jahren wurde die Großmacht USA von neuen Menschen, die sich nicht mehr alles gefallen ließen, sondern auf ihr Gewissen achteten, gezwungen, aus Vietnam abzuziehen und ihre erste militärische Niederlage zu akzeptieren.
- In den achtziger Jahren wurde die Großmacht Sowjetunion aus demselben Grunde gezwungen, aus Afghanistan abzuziehen.

Das sind individuelle und kollektive Beispiele dafür, daß mit neuen Menschen bereits eine neue Zeit im Werden ist. Und jeder und jede kann daran mitwirken. Die Evolution von unten wird erfolgreich sein, wenn ihr die eigentliche Evolution vorausgeht: die Evolution von innen. Diese Bewußtseinsevolution ist die Revolution aller historischen Revolutionen. Jesus, der erste neue Mann, ist Auslöser und Erfolgsgarant für die Evolution von innen.

Ich bin überzeugt davon, daß die überlebensnotwendige Abrüstung nur gelingen kann, wenn die Völker die angst- und machtbesessenen Politiker zur Abrüstung drängen. Wir Deutschen haben im Zentrum Europas, im Herd der Spannungen, nach zwei Weltkriegen die größte Abrüstungsverantwortung. Was werden wir unseren Kindern und Enkeln antworten, wenn sie uns einmal fragen: Was habt ihr getan, als es noch möglich war?

Wir sind geboren zur Freiheit, geschaffen für die Liebe und befähigt zur Umkehr. Und manchmal haben wir auch sichtbaren Erfolg:

- 1983 haben Hunderttausende in der Bundesrepublik und Millionen in Ost und West gegen die atomaren Mittelstreckenraketen demonstriert. Im Jahre 1992 werden die letzten dieser Raketen verschrottet sein.
- In den siebziger Jahren hat der damalige Ministerpräsident von Baden-Württemberg, Hans Filbinger, Anti-Atom-Demonstranten in Wyhl als »Kommunisten« beschimpft und von der Polizei zusammenprügeln lassen. Sein Nachfolger Lothar Späth zehn Jahre später: »Wyhl wird nicht gebaut.« Mehr noch: Hans Filbinger sagte 1988

in einem Fernsehinterview, es sei sein größter Fehler gewesen, Wyhl bauen zu wollen. Wyhl wurde nicht gebaut, weil viele Tausende Demonstranten es verhindert haben.
- Sieben Milliarden Mark wurden in den »Schnellen Brüter« in Kalkar investiert. Zehntausende haben dagegen protestiert – Kalkar wird die größte Industrieruine der Bundesrepublik. Der Schnelle Brüter ist gebaut, aber geht nicht ans Netz. Unser Protest war erfolgreich.
- 15 Jahre lang haben die Regierenden behauptet, für die Energieversorgung der Bundesrepublik sei die atomare Wiederaufarbeitungsanlage in Wackersdorf dringend nötig. Doch im Frühjahr 1989 ist sie plötzlich nicht mehr nötig. Unser Protest war erfolgreich.
- Im Juni 1989 mußte das Atomkraftwerk in Rancho Seco in Kalifornien abgeschaltet werden – ganz einfach und erstmals durch einen Volksentscheid. Das kann Schule machen.
- Was den sozialen Protestbewegungen in der Bundesrepublik möglich ist, gelingt auch anderswo: Dank einer Volksabstimmung werden in Österreich niemals Atomkraftwerke gebaut, in der Schweiz und in Frankreich, in den USA und in der Sowjetunion wurden von aufgewachten Menschen Atomkraftwerke verhindert. Leider waren das bis jetzt nur Einzelerfolge – vor allem in der Sowjetunion und in Frankreich ist der Bau weiterer AKWs geplant.

Jesu Devise ist sehr einfach: Achte auf das, was Menschen wirklich brauchen. Das gilt privat wie politisch. Alles andere bekommst du. Du verwandelst die Welt durch die Wahrheit der Liebe und durch die Wahrheit des Vertrauens. Wer Wandlungen *in* und *um* sich herum erlebt und wahrnimmt, weiß, daß die Parolen »Ich kann ja doch nichts ändern« oder »Der Mensch ist unverbesserlich« faule Ausreden sind, in unserer Zeit geradezu lebensgefährlich. Bei vielem, was wir tun, müssen wir die äußere Erfolglosigkeit realistisch mit einplanen. Wir wissen nie, ob wir »siegen«. Aber wir haben schon verloren, wenn wir gar nichts tun und resignieren! Dorothee Sölle: »Es gibt Dinge, die müssen wir tun, ohne nach dem Erfolg zu fragen.« Und manchmal stellt sich der Erfolg dann wie ein Wunder ein.

Du sollst den Kern nicht spalten!

»Mit Jesus in die neue Zeit« bedeutet: Frauen müssen vor allem Selbstbehauptung lernen und Männer Barmherzigkeit und Menschlichkeit. Frauen müssen sich in der männlichen Konsequenz des Entweder-Oder üben und Männer in der weiblichen Flexibilität des Sowohl-Als-auch. Christa Mulack weist darauf hin, daß wir Männer durch die bisherige Nichtintegration des Weiblichen eine ungeheure seelische Energieverschwendung betreiben, die ihr als das »Kernproblem der männlichen Psyche« erscheint. In der »äußeren« Energieforschung, meint sie, zeichnet sich die Lösung des Problems bereits ab: Die Atomforschung hatte ursprünglich in der Kernspaltung die Lösung des Energieproblems gesehen. Doch wir wissen nicht, wohin mit den gefährlichen Rückständen, »mit denen man nichts anderes anzufangen weiß, als sie zu versenken, sei es ins Meer (des Unbewußten) oder in Bergstollen«. Hier wird die Analogie zwischen innen und außen, auf die alle Mystiker hinweisen, deutlich. Die atomare Kernspaltung findet analog zu unserer inneren Bewußtseinsspaltung statt. Die äußere Kernspaltung ist ein Symbol für die innere Bewußtseinsspaltung. Da keiner sagen kann, wohin mit dem Atommüll, gleichen die Atompolitiker jenem Flugpassagier, der ein Flugzeug besteigt und damit in die Luft geht, obwohl er genau weiß, daß es keinen Landeplatz gibt.

Deshalb heißt *das* Gebot des Atomzeitalters: Du sollst den Kern nicht spalten! Wenn es einen Ausweg für innen und außen gibt, dann heißt dieser Weg: aufarbeiten und nicht abspalten, nicht versenken und nicht verdrängen. Jede Form von Verdrängung holt uns ein und spielt uns fürchterlich mit. Tschernobyl war ein äußeres Vorzeichen. Und auch das wird schon wieder verdrängt.

Doch die Atomforschung scheint tatsächlich ein neues

Verfahren zur »Aufarbeitung« gefunden zu haben: Während ich dieses Buch schreibe, gibt es gleichlautende Meldungen aus Forschungslabors der DDR und der Bundesrepublik, aus den USA und Japan, aus der UdSSR, Indien und Ungarn: Fusion der Atomkerne statt Spaltung sei die Lösung des Energieproblems. Ob dieser bis jetzt noch theoretische Weg praktisch-technisch gangbar sein wird und damit eine billige und ungefährliche Energiequelle für alle Zukunft gefunden werden kann, ist unter den Wissenschaftlern umstritten. Wenn ja, dann »wäre es die bedeutendste Erfindung seit der Nutzbarmachung des Feuers«, wie Philip Ross vom Lawrence Berkeley Laboratory sich über das Experiment der »kalten Kernfusion« geäußert hat. Bis jetzt, Frühjahr 1989, fand die Kernverschmelzung nur als Experiment statt. Doch sie könnte die Energiequelle der Zukunft werden.

Fusion und Integration statt Abspaltung und Verdrängung: Das ist auch die innerpsychische Aufgabe moderner Männer und moderner Frauen. Die inneren »Tschernobyls« zwingen ebenso zur Umkehr wie das äußere Tschernobyl.

Die Energie der Sonne

Doch noch immer wird weit mehr staatliches und privates Geld in sinnlose und gefährliche Militärprojekte investiert statt in überlebensnotwendige alternative Energieforschung. Das unnötige Kampfflugzeug »Jäger 90« wird über 100 Milliarden Mark kosten, aber nur ein Bruchteil dessen wird in die Solarenergie investiert, die wir dringend benötigen, wenn die Realisierung der »kalten Kernfusion« tatsächlich noch fünfzig Jahre auf sich warten läßt. In der Zwischenzeit ist die Atomspaltung ungeheuer gefährlich, und die weitere Verbrennung der fossilen Rohstoffe macht unser Klima und damit unseren Globus kaputt. Neben einem sparsameren Energieverbrauch *müssen* wir die Sonnenkraft, die Windkraft, die Wasserkraft und die Biomasse erforschen und nutzen.

Doch die Realität sieht bisher ganz anders aus: In den letzten zwanzig Jahren wurden weltweit für Solarforschung nur 5 Milliarden Dollar ausgegeben, während die US-Regierung allein für die Entwicklung eines Quecksilber-Cadmium-Tellurid-Kristalls zur militärischen Satelliten-Aufklärung 30 Milliarden Dollar aufgebracht hat. Schon dieses Zahlenverhältnis demonstriert den Wahnsinn der sogenannten Realpolitik. Die Einführung der Sonnenenergie ist weder finanziell noch technisch ein Problem, aber die Regierungen in Ost und West gehen allesamt in die Knie vor dem Druck der Atomlobby – auch wenn die Welt darüber zugrunde gehen sollte. Die Sonne liefert uns gefahrlos tausendmal mehr Energie, als wir je brauchen. Die große Koalition der Feiglinge, die atomare Internationale, die heute noch herrscht in Paris und Moskau, in Bonn und Peking, muß und kann nur von unten gestoppt werden. Wie viele Tschernobyls brauchen wir noch, bis wir weltweit aufwachen? Das internationale Patriarchat hat uns eine Ökonomie des Todes beschert. Wir brauchen aber eine Ökonomie des Lebens. Dabei geht es nicht um Reformen, die viel Geld kosten, sondern zunächst um große *Unterlassungen*, die viel Geld einsparen könnten. »Die rühmlichsten Taten der Zukunft werden die Unterlassungen sein.« (Herbert Gruhl) Auch das gilt privat, beruflich und politisch. In erster Linie sind es unsere unbedachten Taten, die uns an den Abgrund geführt haben. Erst dort erkennen wir: Sonne, Wind und Wasser sind unerschöpfliche natürliche Energiequellen. Wann endlich nutzen wir sie?

Anstatt Atomkraftwerke in Länder der Dritten Welt zu exportieren, wäre es vernünftiger und ökologisch wie ethisch verantwortbar, wenn wir in den warmen Ländern des armen Südens Sonnenkraftwerke bauen helfen würden.

Die größte Energiequelle unseres grünen Globus ist die Sonne. Anstatt unseren Planeten zu verheizen oder mit Ruß zu verdunkeln, müssen wir die Sonnenenergie nutzen. In Südkalifornien ist Strom aus Sonnenkollektoren bereits billiger als Atomstrom. In Israel besitzen bereits 700 000 Haushalte solarbeheizte Warmwassersysteme. Würde das auch im »kalten« Deutschland funktionieren? Die Gründer von »Eurosolar«, der Bundestagsabgeordnete Hermann Scheer und der baden-württembergische Solar-Unternehmer Jürgen Kleinwächter: »Auf die Bundesrepublik trifft im Jahr Sonnenstrahlung mit einem theoretischen Potential von rund 250 Billiarden Kilowattstunden – 80mal soviel wie der derzeitige jährliche Gesamtenergieverbrauch.«

»Eurosolar« wurde als Gegengewicht zu EURATOM (Europäische Atomgemeinschaft) gegründet. Wer den Gründern zuhört, gewinnt die Gewißheit: Wir können auf das »Restrisiko« der Atomkraftwerke ebenso verzichten wie auf das Verheizen der fossilen Energieträger, und wir können dennoch alle Menschen dieser Erde ernähren. Noch fehlen dazu der politische Wille oben und genügend politischer Druck von unten. Es ist ein unhaltbarer Zustand, daß die Atomlobby darüber befindet, ob unser schöner Planet verheizt und verstrahlt wird. Die Energiewende ist möglich!

Denkfaulheit oder Ehrfurcht vor dem Leben?

Atompolitik ist nicht nur ein Zeichen mangelnder Ehrfurcht vor dem Leben, sondern auch ein Beweis für Denkfaulheit. Viele glauben zu denken, doch in Wirklichkeit haben sie sich enge Grenzen gesetzt und ordnen lediglich ihre Vorurteile neu. In ihren Ideologien gefangene Männer werden die jetzt notwendige Umkehr zur Vernunft niemals schaffen.

Der fünftausendjährige Weg des Patriarchats war noch in den letzten Jahrhunderten geprägt von verhängnisvollen Einseitigkeiten und Abspaltungen:
- Die Theologie behauptete »sola fide«, allein der Glaube mache selig. Alles andere wurde verdrängt und verfolgt, auch mit Mord und Totschlag!
- Als Reaktion darauf gebar die Aufklärung eine neue Einseitigkeit: »Cogito, ergo sum« (Descartes), »Ich denke, also bin ich«. Das Denken wurde verabsolutiert.
- Dann setzte ab dem 18. Jahrhundert der Kapitalismus mit

der Herrschaft der Interessen des Kapitals verhängnisvolle Maßstäbe für die Menschheit.
- Als Reaktion darauf brachte Karl Marx eine neue Einseitigkeit: Der Mensch wurde lediglich durch den Wert seiner Arbeit definiert.
- Und schließlich meinte Sigmund Freud, die Sexualität sei die alles entscheidende Triebkraft des Menschen – eine neue Einseitigkeit, unter deren Folgen wir bis heute mehr zu leiden haben, als wir uns zugestehen wollen.

Die Integration der Elemente des Männlichen, Weiblichen und Kindlichen, die Jesus gelebt hat, antwortet auf all diese bekannten Einseitigkeiten mit einer neuen, noch weitgehend unbekannten Ganzheitlichkeit – als Konzept für die neuen Menschen des neuen Zeitalters. »Du sollst deinen Nächsten lieben wie dich selbst« übersetzt der Therapeut Hans Endres für viele verständlicher so: »Du sollst deinen Nächsten lieben als dein Selbst.« Ähnlich modern und klar Martin Buber: »Du sollst deinen Nächsten lieben, denn er ist wie du.«

Wer dieses Liebes-»Gebot« richtig verstanden hat, hat sich auf den Weg zur Toleranz gemacht und wird jede Art von Fanatismus ablehnen, vor allem den religiösen Fanatismus. Es gibt kein schlimmeres Heidentum als religiöse Intoleranz. Der Gott Jesu läßt seine Sonne scheinen über Gerechte und Ungerechte. Damit ist religiös, wer Liebe, Geduld und Toleranz praktiziert. Und diese Vorstellung Jesu, grundgelegt in der Bergpredigt, ist das Ziel jeder wirklichen Religion, beschrieben im Talmud und in den Upanischaden, bei Lao Tse und Zarathustra, bei Konfuzius und bei Buddha. Jeder, der sich um sich selbst und seine Mitmenschen bemüht, ist religiös.

Ein Prüfstein für Nächstenliebe ist das naheliegende Thema Abtreibung. Den Ur-Instinkt »Du sollst nicht töten« tragen wir alle in uns. Dies gilt auch bei einer ungewollten Schwangerschaft gegenüber unserem eigenen Kind. Viele sagen, die Schuldgefühle, die mit einer Abtreibung verbunden sind, seien ihnen von der Kirche oder der Umwelt aufgedrängt worden. Das seien anerzogene Schuldgefühle. Doch die tiefenpsychologischen Befunde der neueren Forschung sagen uns etwas ganz anderes. Bei einer Abtreibung rebelliert unsere Seele noch nach Jahrzehnten. Nicht anerzogene Schuldgefühle, sondern das angeborene Gewissen meldet sich. Die Düsseldorfer Therapeutin Ursula Keller-Husemann:»Die Abtreibung ist eine Form der Selbstzerstörung und nicht der Heilung.« Die Münchener Therapeutin Thea Bauriedl:»Daß unsere Freiheit nicht darin bestehen kann, daß wir ohne Schuldgefühle Leben vernichten, wird uns allmählich klar.« Die Gründerin des Instituts für Politische Psychoanalyse meint, bei vielen Abtreibungen haben die dafür Verantwortlichen kein Gefühl für die Folgen ihres Tuns. Und Hanna Wolff:»Abtreibung führt zur Neurose, das ist meine Erfahrung in der Psychotherapie. Das Unheimliche dieses Krankheitserregers ist vor allem, daß die betreffende Neurose – sehr häufig sind es schwere Depressionen – nicht unmittelbar nach dem krankmachenden Ereignis, der Abtreibung, auftritt, sondern recht lange danach. Oft ist es 20 bis 25 Jahre später.«

Die Erfahrungen in der Bundesrepublik bei jährlich etwa 250000 Abtreibungen lehren: Ein Paragraph schützt das ungeborene Leben nicht. Entscheidend ist allein die notwendige Bewußtseinsänderung: Wir können nicht ungestraft unsere eigenen Kinder töten. Dagegen wird unsere Seele immer rebellieren. Voraussetzung für eine wirkliche Änderung ist die Erkenntnis des liberalen englischen Sexologen Comfort:»Du sollst unter keinen Umständen die Zeugung eines unerwünschten Kindes riskieren.« Wenn beide Partner wirklich emanzipiert, das heißt, wenn Mann und Frau selbstverantwortliche Persönlichkeiten sind, dann wird diese Mahnung keine graue Theorie bleiben. Erst wenn die Erkenntnisse der modernen Tiefenpsychologie und unsere Verantwortung beim Sexualverhalten mitbedacht werden, können wir die Diskussionen um Abtreibung noch einmal ganz von vorne und dieses Mal wirklich tief und gründlich und mit mehr Aussicht auf humane Lösungen beginnen. Die neue Diskussion wird aber erst dann fruchtbar sein, und die

Abtreibungszahlen werden erst dann geringer werden, wenn Strafe und Strafandrohung bei einer Abtreibung entfallen sind. Es gibt keine »bösen« Abtreiber und »guten« Lebensschützer; es gibt nur mehr oder weniger Bewußtheit gegenüber dem ungeborenen Leben.

Nur ohne Strafandrohung wird der Weg frei für die Lösung: Hilfe statt Strafe – Liebe statt Gewalt – annehmen statt abtreiben. Annehmen kann sich in diesem Fall allerdings nicht nur auf das Lebensrecht eines jeden Kindes beziehen, sondern auch auf die Nöte einer ungewollt schwangeren Frau – durch den dazugehörenden Mann. Die uralten, längst widerlegten und primitiven Argumente der gängigen Abtreibungsdiskussion zeigen, wie weit der Weg zur wirklichen Emanzipation noch ist. Krankmachende Abtreibung ist genau das Gegenteil einer gesundmachenden Emanzipation. Das Töten unserer eigenen Kinder ist Gewalt. Allerdings: Die Sprache vieler Kirchenmänner zu diesem Thema wird von Frauen in Schwangerschaftsnot oft ebenso als Gewalt empfunden. Die Sorge um die Ungeborenen muß einhergehen mit Erbarmen gegenüber den Geborenen, sonst haben wir auch bei diesem Thema Jesus nicht verstanden. Jesus hat den Gewaltfreien Glückseligkeit verheißen. Die Qualität und Reife einer Gesellschaft erweist sich im Umgang mit den Schwächsten in dieser Gesellschaft. Das Motto eines neuen Zeitalters heißt deshalb grundsätzlich: Mehr Ehrfurcht vor *allem* Leben – auch vor dem ungeborenen. Doch kein Gebot und kein Gesetz werden den notwendigen Bewußtseinswandel bewirken, sondern allein das selbstverantwortliche Gewissen.

Mein Gewissen sagt mir, daß ich verantwortlich bin für zwei Fehlgeburten, die wir während einer Ehekrise hatten. Wenn eine Frau eine Fehlgeburt hat, hängt das ebenso mit dem dazugehörenden Mann zusammen wie eine Abtreibung.

50 Millionen Abtreibungen gibt es auf unserem Planeten jedes Jahr. 50millionenmal töten Eltern ihre eigenen Kinder – schätzt die UNO. Diese Zahl symbolisiert wie keine andere den Grad der Selbstzerstörung, den Grad der Innen-

weltzerstörung, den Grad der menschlichen Unfähigkeit, mit sich selbst schöpfungsgemäß, das heißt gewissenhaft und emanzipiert umzugehen.

Das hat einen Zusammenhang mit dem, was wir der Umwelt antun: Was wir außen zerstören, ist in Wirklichkeit die Abspaltung und Verdrängung des »Bösen« in uns. Voraussetzung für die mögliche Rettung ist die grundsätzliche Einsicht in unsere Mitverantwortung für die Zerstörung. »Wir müssen die Logik der Selbstausrottung zurückverfolgen bis ins menschliche Herz, weil auch nur von dort die Logik der Rettung ihren Ausgang nehmen kann« (Rudolf Bahro). Albert Einstein hat sich ein Leben lang mit Physik befaßt, aber am Schluß dieses Physiker-Lebens festgestellt, daß das eigentliche Problem immer das menschliche Herz ist.

Mehr Ehrfurcht vor dem Leben heißt: vor dem Leben in all seinen Erscheinungsformen. »Der Mensch ist auf diesem Planeten nur zu retten, wenn er nicht nur sein Leben, sondern alles Lebendige zum Gegenstand höchster Ehrfurcht erhebt« (Albert Schweitzer).

Die eigentliche Menschwerdung hat erst begonnen. Sonst wären wir nicht so unmenschlich zu uns und nicht so tierfeindlich zu den Tieren:

Wir »verbrauchen« weltweit jedes Jahr 300 Millionen Tiere für grauenhafte und sinnlose Experimente, lassen allein in der Bundesrepublik jedes Jahr 250 Millionen Tiere ganz bewußt mit Atembeschwerden und Kreislaufstörungen dahinvegetieren, erzeugen künstliche Tumore bei Ratten, enthaupten in Universitäten Tiere zu reinen Demonstrationszwecken, trennen Versuchshunden die Stimmbänder durch, um ihre Schreie nicht hören zu müssen. Wir sind im christlichen Abendland erbarmungslos gegenüber unseren Geschwistern, den Tieren. Hindus und Buddhisten sind uns in ihrer ethischen Einstellung gegenüber Tieren oft haushoch überlegen. Aber wir belächeln sie. Dieses Lachen wird uns eines Tages vergehen. Alles, was wir heute Tieren antun, schlägt irgendwann auf uns zurück.

Die erbarmungslos anspruchsvolle Gesellschaft der Bundesrepublik Deutschland hat im Jahre 1988 pro Kopf

103,5 kg Fleisch verzehrt. Das ist nicht nur unmoralisch, das ist auch gesundheitsschädlich. Für unsere Schweine können wir uns die Nahrungsmittel leisten, die zum Teil den Hungernden in den Ländern der Dritten Welt weggekauft werden.

Die einen hungern und verhungern, und die anderen haben Abspeckungsprobleme. Der billige und üppige Verzehr von Tieren ist darüber hinaus nur möglich, weil die Tiere zuvor in Massenunterkünften unter unvorstellbaren Qualen aufgezogen wurden. Sie können sich kaum bewegen, sehen nie die Sonne und werden auf grauenhafte Art und Weise getötet. Das wissen die dafür »Verantwortlichen« auch. Deshalb ist es schwer, als Fernsehjournalist Drehgenehmigungen in Schlachthöfen oder in den Massenunterkünften der Tiere zu bekommen. Das Leid der Tiere schreit zum Himmel. Jeder, der es gesehen hat und noch fühlen kann, ist entsetzt. Aber nur wenige ziehen die einzig richtige Konsequenz: weniger Fleisch essen oder vegetarisch leben, um den Tierquälern die Grundlage ihres blutigen Handwerks zu entziehen. Solange Profit und Gedankenlosigkeit höher stehen als Ethik, hat das Massenelend der Tiere kein Ende. Aber warum handeln wir nicht selbst? Niemand zwingt uns, soviel Fleisch zu essen. Der Grundgedanke jesuanischer Ethik, Gewaltlosigkeit und Schutz des Lebens, schließt die Tiere selbstverständlich mit ein.

Alles Lebendige ist mit allem Lebendigen verbunden und vernetzt. Deshalb quälen wir durch brutale Massentierhaltung nicht nur die Tiere, sondern vergiften damit auch die Psychosphäre der ganzen Erde, auch uns selbst. C. G. Jung hat immer wieder darauf hingewiesen, daß es eine Kollektivseele der Menschheit und eine Kollektivseele alles Lebendigen gibt. Für deren Zustand sind wir mitverantwortlich. Deshalb ist die persönliche Friedfertigkeit so wichtig für den Frieden der Welt. Die Einheit alles Lebendigen, die Einheit und der Zusammenhang allen Seins, ist der Mythos, der die Erde verwandeln kann.

Der politische Entspannungsprozeß, der zwischen Ost und West durch das Erscheinen von Michail Gorbatschow inzwischen ausgelöst wurde, bestätigt den Zusammenhang erneut: »innen wie außen!« Der Prozeß der äußeren Entspannung und vorsichtigen Abrüstung konnte nur beginnen, weil in Ost und West zuvor Millionen Menschen innerlich zu Entspannung und Abrüstung bereit waren.

An diesem ins Auge springenden Beispiel wird deutlich: Wir sind als bewußte Individuen nicht machtlos. Je bewußter wir innerlich sind, je mehr wir »entspannend« meditieren, desto mehr beeinflussen wir auch das Äußere. »Verinnerlichung« und »Innerlichkeit« sind kein Selbstzweck, sondern *der* Weg, der wirksamste Weg, um das Außen mitzugestalten. Wer diese Zusammenhänge sehen lernt und ihnen vertraut, für den wird die Erfahrung der Mystiker: »innen wie außen!« oder »außen wie innen« ein aufregender Lernprozeß. Der katholische Dichter Reinhold Schneider hat diese Erfahrung im Zweiten Weltkrieg in einem wunderbaren Gebet so formuliert:

> Allein den Betern kann es noch gelingen,
> das Schwert ob unsern Häuptern aufzuhalten
> und diese Welt den richtenden Gewalten
> durch ein geheiligt Leben abzuringen.
>
> Denn Täter werden nie den Himmel zwingen,
> Was sie vereinen, wird sich wieder spalten,
> was sie erneuern, über Nacht veralten,
> und was sie stiften, Not und Unheil bringen.
>
> Jetzt ist die Zeit, da sich das Heil verbirgt
> und Menschenhochmut auf dem Markte feiert,
> indes im Dom die Beter sich verhüllen,
>
> bis Gott aus unsern Opfern Segen wirkt
> und in den Tiefen, die kein Aug' entschleiert,
> die trocknen Brunnen sich mit Leben füllen.

In seinen eindrucksvollen Gleichnissen vom Salz und vom Sauerteig, vom Licht und vom Weinstock, vom Samen und vom Acker macht Jesus auf die Tiefenzusammenhänge von innen und außen aufmerksam.

»Ihr seid das Salz der Erde.« Was tut denn das Salz? Es löst sich scheinbar auf, indem es in die Masse hineingeht. Aber gerade dadurch überträgt es seine Wirkkraft auf das Ganze. Bewußt gewordene, aufgewachte Menschen sollen Salz und Samen für eine neue Gesellschaft sein.

Das »Neue Denken«, das Michail Gorbatschow für eine neue Weltpolitik propagiert, muß mehr sein als äußeres, intellektuelles Begreifen. Es muß im Sinne Jesu ein inneres, intuitives Ergriffensein von unserer Verantwortung für die Zukunft der Schöpfung werden, wenn die Menschheit noch eine Zukunft haben soll.

Die vielen esoterischen Zirkel, New-Age-Sekten und die sogenannten Jugend-Religionen von heute zeigen, daß wir uns im Kult des »Innern« genauso verlieren können wie im Kult des Äußeren. Veräußerlichung ist so einseitig wie Verinnerlichung. Unsere Zeit ist voller Gleichgewichtsstörungen. Der Weg nach innen hat die Aufgabe des Dienstes am Außen, des Dienstes an der Welt. Deshalb gibt es keine wirkliche Meditation ohne Außenwirkung, keine wirkliche Religion ohne politische Auswirkungen, keine Mystik ohne Kampf und keinen Kampf ohne Mystik, keine wirkliche Kontemplation ohne Aktion.

Reif für Jesus?

Es stimmt: Die Botschaft Jesu von der Harmonie zwischen männlichem und weiblichem Bewußtsein ist 2000 Jahre alt, aber noch kaum realisiert. Aber was besagt das, wenn man sich den langen Atem der Schöpfungsgeschichte vergegenwärtigt? Karl Herbst hat so gerechnet: Wenn wir uns den Urknall, den Beginn der Evolution, vor 20 Milliarden Jahren vorstellen, die Urzelle vor 4 Milliarden Jahren, den Ur-Menschen vor 4 Millionen Jahren und den ersten neuen

Mann, Jesus, vor 2000 Jahren, dann verhalten sich diese Zeitdimensionen wie 20 km zu 4 km zu 4 m zu 2 mm. Das heißt: Die Menschheit hat – gemessen an ihrem Anfang – seit Jesus zwei Millimeter auf ihrem Weg der Bewußtwerdung zurückgelegt. Wir sind also noch ganz am Anfang des Weges zu einem neuen, von Jesus inspirierten Bewußtsein.

Der Sinn einer Wanderung mit Jesus auf dem neuen Bewußtseinsweg ist, daß bei dieser Wanderung die grenzenlose Wandlung geschieht, die »Neugeburt aus dem Geist der Wahrheit«. Die Wahrheit macht uns frei, indem wir sie tun. Durch Tun werden wir die, die wir werden sollen und werden können.

Auf die Frage, was ist Aufklärung, hat Immanuel Kant 1784 die berühmte Antwort gegeben: »Habe Mut, dich deines eigenen Verstandes zu bedienen!« Der Verstand hat uns aber gerade im 20. Jahrhundert ungeheure Katastrophen beschert. Damit aus Verstand Vernunft und aus Wissen Weisheit wird, ist eine Aufklärung der Aufklärung die Voraussetzung für ein neues Zeitalter. Deren Motto – orientiert an Jesus – müßte heißen: Habe Mut, dich deines eigenen Gewissens zu bedienen. Privat, beruflich und politisch wird sich dann vieles ändern müssen.

Gegen die atomare und gentechnologische Todesmaschinerie müssen wir Widerstand üben – Widerstand, wie ihn die Deutschen gegen die Nazis *nicht* geübt haben. Einer der wenigen, die das nach 1945 begriffen haben, Martin Niemöller, schrieb:

> Als die Nazis die Kommunisten holten,
> habe ich geschwiegen;
> ich war ja kein Kommunist.
>
> Als sie die Sozialdemokraten einsperrten,
> habe ich geschwiegen;
> ich war ja kein Sozialdemokrat.

Als sie die Gewerkschaften holten,
habe ich geschwiegen;
ich war ja kein Gewerkschaftler.

Als sie mich holten, gab es keinen mehr,
der protestieren konnte.

Wenn die atomare Abschreckung versagt, gibt es anschließend auch niemanden mehr, der protestieren könnte.

Das Problem sind nicht die »bösen« Politiker. Das Hauptproblem sind die vielen guten Menschen, die sich nicht ändern wollen. »Immer ist Gethsemane, immer schlafen alle«, hat Blaise Pascal schon vor 350 Jahren geschrieben. Daran hat sich einiges geändert. Aber noch nicht genügend.

Wenn allerdings die Zahl der aufgewachten und für sich selbst verantwortlich gewordenen Menschen in den nächsten Jahren so weiterwächst wie in den letzten Jahren, dann werden wir Bewußtseinsveränderungen von großem Ausmaß erleben. Ein neues Zeitalter bricht sich Bahn. »Ungeahnte Kräfte und unerwartete Hilfen werden auf einmal verfügbar sein, wenn wir nur den ersten Schritt getan haben, eingedenk der tröstlichen Wahrheit: ›Hilf dir selbst, dann hilft dir Gott‹ – was ja in Wirklichkeit sogar identisch ist.« Diese optimistische Prognose von Hans Endres müssen wir als Realisten immer mit dem Zusatz versetzen: falls wir das Atomzeitalter überleben und falls wirklich immer mehr Menschen an der Überwindung des Atomzeitalters arbeiten. Hätten wir die Atombombe nicht nur wahrgenommen, sondern auch ihre Gefährlichkeit begriffen, dann würden wir uns die Genmanipulation nicht mehr erlauben. Doch so spielen wir weiterhin Schöpfer und wollen nicht anerkennen, daß wir Geschaffene sind. Was uns in erster Linie fehlt, ist der Mut zur Demut.

Die wachsende Angst vor Atomkrieg und Genmanipulation, vor Umweltzerstörung und den Folgen der Massentierquälerei ist nicht unbegründet, sondern vernünftig. Unvernünftig ist das Verdrängen und das typisch männliche Wegrationalisieren dieser Angst. Die Denkenden unter uns wissen, daß im Atomzeitalter jeder Tag unser letzter sein kann. Es ist nicht zufällig, sondern sinnfällig, daß die Atomrakete die Form eines Phallus hat. Einseitig männliches, phallisches Denken hält es für sinnvoll, im »Ernstfall« unsere Erde vom Atomzeitalter ins Steinzeitalter zurückzubomben. Anstatt auf Gott oder auf ihr Herz vertrauen die Herrschenden lieber ihrer Bombe! Es ist bezeichnend, daß ein Miltärfachmann der »Süddeutschen Zeitung« am 1. Juni 1989 einen Kommentar über die Theorie der atomaren Abschreckung schrieb und durch einen Satzfehler von der »Theologie der Abschreckung« zu lesen war. Die Bombe als Ersatzgott und Gottesersatz. Ihrem Bombengott sind sie bereit, sogar das größte Opfer darzubringen: die Menschheit. Das ist die Logik der »atomaren Abschreckung«, die Michail Gorbatschow überwinden will, an der aber die NATO festhält.

In dieser Situation fragen viele: Ist nicht jede Mühe um Rettung zu spät? Die Frage ist so verständlich wie grundsätzlich falsch. Für Menschen ist es *nie* zu spät.

Wenn *ein* zur Selbsterkenntnis Aufgewachter im Laufe eines Jahres *einen* weiteren überzeugt, sind es *zwei*. Wenn diese im nächsten Jahr je wieder einen überzeugen, sind es nach zwei Jahren *vier*. Wenn diese im dritten Jahr je wieder einen usw., dann sind es nach zehn Jahren *tausend*, nach 20 Jahren *eine Million* und nach 30 Jahren *eine Milliarde*. Das reicht!

Die Heilung der Welt gelingt durch die Heiligung vieler einzelner. Und für diese Heiligung, für das Heil-Werden sind wir allein und sonst niemand verantwortlich.

Wenn Mann und Frau sich lieben

Dem neuen Zeitalter gehen wir mit dem richtigen Bewußtsein entgegen, wenn wir es machen wie eine Mutter, die ein Kind erwartet: Sie hat für das Kind eine heilige Verantwortung, aber es wächst von allein. Sie bereitet sich aktiv und bewußt auf die Geburt vor und muß zugleich geduldig warten können. Sie wird alles tun für günstige äußere Voraussetzungen und nimmt zugleich die Chance wahr, die jedes Kind seinen Eltern für ihr eigenes inneres Wachstum und Reifen bereitet.

Männer sind Frauen ebenbürtig, wenn sie dem Leben gegenüber die gleiche Einstellung gewinnen wie Mütter gegenüber ihrem Kind im eigenen Leib.

Nach 5000 Jahren Patriarchat müssen wir in Gesellschaft und Politik, in Wissenschaft, Wirtschaft und Kultur das feminine Prinzip aufwerten und in jedem von uns das maskuline und feminine Prinzip in größere Harmonie bringen. Das große Vorbild für ein androgynes Bewußtsein ist der anima-integrierte Jesus. Die Integration von männlich und weiblich, von Bewußtem und Unbewußtem, von Verstand und Gefühl ist heute für viele Menschen *die* Lebensaufgabe. Sie war in früheren Jahrhunderten die absolute Ausnahmeerscheinung. Künftig ist sie die Entwicklungschance und Entwicklungsnotwendigkeit für die Mehrzahl der Menschen und schließlich für die ganze Menschheit. Verstand ohne Gefühl ist so unvernünftig, wie Gefühl ohne Verstand sentimental ist.

Die neuen Wahrheiten von wenigen waren schon immer die Wahrheiten der vielen von morgen. Der anima-integrierte Jesus, der erste neue Mann, ist *das* Vorbild für eine bessere Welt von morgen.

Eine neue Liebeskultur, ein neues Verhältnis zwischen Mann und Frau, eine neue Erotik in wirklicher Partnerschaft führt zu höherem Bewußtsein, zur zweiten Halbzeit der Evolution. Diese Selbstveränderung von Mann und Frau führt zur Weltveränderung. Die Konsequenz dessen, was wir von Jesus wissen, heißt: Die Gattung Mensch hat viel mehr vor sich als hinter sich.

Wir werden staunen, wenn wir feststellen, was *eine* Frau und *ein* Mann, die sich wirklich lieben, *alles* zu bewirken vermögen. Goethe sagt es so: »Wer das Höchste will, muß das Ganze wollen.«

Wenn Mann und Frau sich lieben, wenn sie voneinander und von ihren Kindern lernen,

- dann fällt es auch dem Vorstandsmitglied einer Bank leichter zu entdecken, daß es dringlicheres gibt als Geld,
- dann fällt es einem General leichter zu entdecken, daß atomare Abschreckung ethisch nicht zu verantworten ist,
- dann werden auch konservative Politiker – oder gerade sie – entdecken, daß ökologische Politik die eigentliche Sozialpolitik zugunsten künftiger Generationen ist,
- dann fällt es einem Mann leichter zu entdecken, daß er seine eigene Entwicklung behindert, wenn er seine Partnerin betrügt,
- dann fällt es einer Frau leichter zu entdecken, daß das Nein das wichtigste Wort in der Liebe sein kann,
- dann fällt es einem jungen Menschen leichter zu entdekken, daß es Berufe gibt, die sinnlos und unmoralisch sind,
- dann fällt es einem Fünfzigjährigen leichter, über das Jesus-Wort »Du kannst nicht zwei Herren dienen – Gott und dem Mammon« nachzudenken und sein Leben neu zu orientieren,
- dann fällt es immer mehr Menschen leichter zu lernen, daß wir das gewaltfreie Nein gegen Rüstung und Umweltzerstörung, gegen Massentierhaltung und Genmanipulation brauchen, wenn wir den Untergang unseres Planeten verhindern wollen.

Dieser Bewußtseinswandel – von innen und von unten – ist bereits im Gange. Das »Reich Gottes« ist im Werden – es wächst über Kirchengrenzen und Parteigrenzen hinweg, mehr als je zuvor seit 2000 Jahren. Das neue Bewußtsein wächst bei Wählern schneller als bei Gewählten. Politiker müssen jetzt ihre Politik ändern, oder sie werden nicht mehr lange im Amt sein.

Den eigenen Weg gehen

Als Ronald Reagan und Michail Gorbatschow 1985 sich in Genf zum ersten Mal trafen, sagte der US-Präsident zum sowjetischen KP-Chef: »Herr Generalsekretär, wenn eine außerirdische Macht uns angriffe, würden wir sofort alle Streitigkeiten vergessen und zusammenarbeiten.«

Hier ist auf der Bühne der Weltpolitik die Vision Jesu von der Geschwisterlichkeit und der Gotteskindschaft aller Menschen geahnt worden. Wer hindert die Politiker daran, so zu handeln, wie es Ronald Reagan leider nur bei einem Angriff von außen vorschwebte? Sind wir durch uns selbst nicht schon bedroht genug? Und wer hindert uns, die politisch verantwortlichen Nichtpolitiker, an der Nachfolge Jesu, wenn nicht wir selbst?

Jesus hat als Ziel unseres Lebens Gott aufgezeigt. Er hat auch Wege zu diesem Ziel gezeigt. Aber *gehen* muß diesen Weg jede und jeder selbst. Auf den Jesu-Wegweisern in eine neue Zeit steht:

Vertrauen, Liebe, Emanzipation, Ganzheitlichkeit, Gewaltfreiheit, Hoffnung.

Jesus hat Mut gemacht, die ausgetrampelten Massenwege zu verlassen und auf die Suche nach dem *eigenen* Weg zu gehen. Die Suche und das Gehen des eigenen Weges: Das haben uns alle wahrhaftigen Denker empfohlen. »Auf eigenem Weg ist man wohl bewahrt. Fremder Weg ist der Furcht voll.« (Upanishaden)

Den eigenen Weg finden wir nur in voller Autonomie und in der Freiheit des Denkens – frei von Reglementierung und Bevormundung. Denen, die auf ihren eigenen Weg vertrauen, sagt Jesus: »Ihr werdet die Wahrheit erkennen, und die Wahrheit wird euch frei machen.« (Joh 8,32)

Jesu Leben als erster neuer Mann ist die Aufforderung: Verträumt nicht euer Leben, sondern lebt eure Träume!

Literaturverzeichnis

Alt, Franz: Frieden ist möglich, München ^{25}1989
Alt, Franz: Liebe ist möglich, München ^{9}1989
Alt, Franz (Hrsg.): C. G. Jung, Von Mensch und Gott, Olten 1989
Alt, Franz (Hrsg.): C. G. Jung, Von Traum und Wirklichkeit, Olten 1987
Badinter, Elisabeth: Ich bin Du, München 1988
Bahro, Rudolf: Die Logik der Rettung, Stuttgart 1987
Biser, Eugen: Jesus für Christen, Freiburg 1984
Bo Yin Ra: Das Buch der Liebe, Bern 1979
Bösen, Willibald: Galiläa, Freiburg 1985
Branden, Nathaniel: Liebe für ein ganzes Leben, Reinbek 1987
Braunmühl, Ekkehard von: Zeit für Kinder, Frankfurt/Main 1983
Brunes, Wilhelm: Wie Jesus glauben lernte, Freiburg 1988
Colgrave, Sukie: Yin und Yang, Frankfurt/Main 1984
Drewermann, Eugen: Tiefenpsychologie und Exegese, 2 Bde, Olten 1984/85
Drewermann, Eugen: Das Markus-Evangelium, 2 Bde, Olten 1987/88
Drewermann, Eugen: An ihren Früchten sollt ihr sie erkennen, Olten 1988
Endres, Hans: Das spirituelle Menschenbild, München 1988
Fischer, Joschka: Der Umbau der Industriegesellschaft, Frankfurt/Main 1989
Geißler, Heiner (Hrsg.): Abschied von der Männergesellschaft, Berlin 1986
Haller, Wilhelm: Die heilsame Alternative, Wuppertal 1989
Hark, Helmut: Jesus der Heiler, Freiburg 1988
Hasselbach, Ulrich von: Der Mensch Jesus, Stuttgart 1987
Herbst, Karl: Der wirkliche Jesus, Olten 1988
Kohlhammer, Michael/Manfred Mai (Hrsg.): Das Land der Kinder mit der Seele suchen, Stuttgart 1984
Machovec, Milan: Die Rückkehr zur Weisheit, Stuttgart 1988
Martin, Gerhard Marcel: Werdet Vorübergehende, Das Thomas-Evangelium, Stuttgart 1988
Mayer, Anton: Der zensierte Jesus, Olten 1983
Meves, Christa: So ihr nicht werdet wie Kinder, Stuttgart 1983
Montagu, Ashley: Zum Kind reifen, Stuttgart 1981
Mulack, Christa: Die Weiblichkeit Gottes, Stuttgart 1983
Mulack, Christa: Jesus – der Gesalbte der Frauen, Stuttgart 1987
Müller, Johannes: Von den Quellen des Lebens, München o. J.

Müller, Johannes: Jesus aktuell, Amrum 1976
Müller, Johannes: Die Bergpredigt, München 1987
Picard, Max: Die Welt des Schweigens, München 1988
Rey, Karl Guido: Neuer Mensch auf schwachen Füßen, München 1982
Richter, Horst-Eberhard: Die Chance des Gewissens, Hamburg 1986
Rosenberg, Alfons: Jesus der Mensch, München 1986
Russell, Bertrand: Moral und Politik, Frankfurt/Main 1988
Skriver, Ansgar: Der Verrat der Kirche an den Tieren, Höhr-Grenzhausen 1967
Weizsäcker, Carl Friedrich von: Bewußtseinswandel, München 1988
Wieck, Wilfried: Männer lassen lieben, Stuttgart 1988
Wolff, Hanna: Jesus der Mann, Stuttgart 1975
Wolff, Hanna: Jesus als Psychotherapeut, Stuttgart 1978
Wolff, Hanna: Neuer Wein – alte Schläuche, Stuttgart 1981
Zink, Jörg: Tief ist der Brunnen der Vergangenheit, Stuttgart 1988

Franz Alt

Frieden ist möglich
Die Politik der Bergpredigt
119 Seiten. Serie Piper 284

»Entweder wir schaffen die Atombomben ab, oder die Atombomben schaffen uns ab.« Franz Alt – bekannter Fernsehjournalist, Christdemokrat und aktiver Katholik – war noch vor kurzem ein Vertreter der Nachrüstungspolitik. Heute weiß er: Nur radikale Umkehr gibt der Menschheit eine Chance des Überlebens. Zum drohenden Ende der Geschichte gibt es nur eine Alternative: eine Politik im Geist der Bergpredigt, d. h. die Absage an alle Formen der Gewalt, wie Jesus sie gefordert hat.

»An der Fülle der Literatur zum wichtigsten Thema unserer Zeit ragt Alts Buch aus dreierlei Gründen heraus. Es ist ganz persönlich und ganz ehrlich geschrieben; es ist praktisch und verständlich zugleich, und schließlich ist es angenehm kurz. Als Pflichtlektüre in Schulen und Bischofskonferenzen, im Bundestag und bei den Verteidigern christlicher Werte besonders geeignet.« Heinrich Albertz, DIE ZEIT

»Dieses erregende Buch rüttelt auf, neue Wege zu suchen, um vom blinden Glauben an die mechanische Wirkung der Abschreckung loszukommen.«
Bischof Walther Kampe, Stern

»Dies ist ein mutiges Buch. Wenn ein konservativer Publizist Schluß macht mit der Spaltung zwischen Politik und Bergpredigt, Verantwortungs- und Gesinnungsethik, dann ist dies ein Ereignis.« Erhard Eppler

Vom gleichen Autor liegt vor:

Liebe ist möglich
220 Seiten. Serie Piper 429

»Abtreibung und Aufrüstung, der Krieg gegen die Ungeborenen und der mögliche Atomkrieg, haben dieselbe Wurzel: die Gewalt und die Angst in uns... Die eigentliche Revolution steht noch aus: die Revolution der Gewaltlosigkeit, die Revolution des Bewußtseins, die Revolution der Liebe.«
Franz Alt

»Alt provoziert, unser Handeln zu ändern und weiterzudenken.« Publik Forum

PIPER

Hans Küng

Christ sein
676 Seiten. Geb.

Ewiges Leben?
327 Seiten. Serie Piper 364

Existiert Gott?
Antwort auf die Gottesfrage der Neuzeit. 878 Seiten. Geb.

Freud und die Zukunft der Religion
160 Seiten. Serie Piper 709

Die Kirche
605 Seiten. Serie Piper 161

Rechtfertigung
Die Lehre Karl Barths und eine katholische Besinnung
Geleitbrief von Karl Barth. 393 Seiten. Serie Piper 674

Strukturen der Kirche
Mit einem Vorwort zur Taschenbuchausgabe und einem Epilog.
369 Seiten. Serie Piper 762

Theologie im Aufbruch
Eine ökumenische Grundlegung. 320 Seiten. Geb.

PIPER

Hans Küng

24 Thesen zur Gottesfrage
134 Seiten. Serie Piper 171

20 Thesen zum Christsein
75 Seiten. Serie Piper 100

Katholische Kirche – wohin?
Wider den Verrat am Konzil.
Herausgegeben von Norbert Greinacher und Hans Küng.
457 Seiten. Serie Piper 488

Hans Küng/Josef van Ess/ Heinrich von Stietencron/Heinz Bechert
Christentum und Weltreligionen
Hinführung zum Dialog mit Islam, Hinduismus und Buddhismus
631 Seiten. Geb.

Hans Küng/Julia Ching
Christentum und Chinesische Religion
319 Seiten. Geb.

Menschwerdung Gottes
Eine Einführung in Hegels theologisches Denken als
Prolegomena zu einer künftigen Christologie.
Mit einem Vorwort zur Taschenbuchausgabe.
704 Seiten. Serie Piper 1049

PIPER

Heinz Zahrnt

Gotteswende
Christsein zwischen Atheismus und neuer Religiosität.
276 Seiten. Geb.

Heinz Zahrnt analysiert die religiöse Situation der Gegenwart und ihre Zukunftsperspektive. Der kämpferische, humanistische Atheismus des 19. Jahrhunderts ist zur religiösen Gleichgültigkeit verkommen, andererseits hat die globale Bedrohung der Menschheit einen »metaphysischen Schock« versetzt. Eine neue Gottsuche auf oft fragwürdigen Wegen ist die Folge. Wenn das Christentum den Dialog mit den Suchenden nicht scheut und auf eine Verbindung von Weltvernunft und Spiritualität hinarbeitet, kann es Antworten finden, die auch in der Zukunft tragfähig sind.

Jesus aus Nazareth
Ein Leben. 320 Seiten. Geb.

Heinz Zahrnt hat *sein* Jesus-Buch geschrieben: keine Biographie, keine Christologie, sondern »ein Lebensbild, geformt aus den verschiedenen Aspekten seiner Erscheinung und so lebendig und anschaulich erzählt, wie Stoff und Autor es hergeben«.

Martin Luther
Reformator wider Willen. 264 Seiten mit 7 Abbildungen.
Serie Piper 5246

Die Sache mit Gott
Die protestantische Theologie im 20. Jahrhundert.
430 Seiten. Serie Piper 890

Westlich von Eden
Zwölf Reden an die Verehrer und die Verächter der christlichen Religion.
238 Seiten. Kart.

Wie kann Gott das zulassen?
Hiob – Der Mensch im Leid.
96 Seiten. Serie Piper 453

PIPER

Theologie bei Piper

Karl Barth
Kirchliche Dogmatik
Ausgewählt und eingeleitet von Helmut Gollwitzer. 320 Seiten. Serie Piper 692

Das Buch der Bücher
Altes Testament
Einführung, Texte, Kommentare. Mit einer Einführung von Gerhard von Rad.
Herausgegeben von Hanns-Martin Lutz, Hermann Timm, Eike Christian Hirsch.
573 Seiten mit 4 Karten. Serie Piper 347

Das Buch der Bücher
Neues Testament
Einführungen, Texte, Kommentare. Herausgegeben von Gerhard Iber, in Verbindung mit
Hermann Timm. Mit einer Einführung von Günther Bornkamm. 496 Seiten. Serie Piper 348

Georg Denzler
Lebensberichte verheirateter Priester
Autobiographische Zeugnisse zum Konflikt zwischen Ehe und Zölibat.
237 Seiten. Serie Piper 964

Georg Denzler
Die verbotene Lust
2000 Jahre christliche Sexualmoral. 378 Seiten. Geb.

Georg Denzler
Widerstand oder Anpassung?
Katholische Kirche und Drittes Reich. 155 Seiten. Serie Piper 294

Heinz J. Fischer
Der heilige Kampf
Geschichte und Gegenwart der Jesuiten. 284 Seiten. Serie Piper 728

Mario von Galli
Gott aber lachte
Erinnerungen. 141 Seiten. Serie Piper 905

Albert Görres
Kennt die Religion den Menschen?
Erfahrungen zwischen Psychologie und Glauben. 142 Seiten. Serie Piper 318

PIPER

Theologie bei Piper

Helmut Gollwitzer
Was ist Religion?
Fragen zwischen Theologie, Soziologie und Pädagogik. 78 Seiten. Serie Piper 197

Norbert Greinacher
Die Kirche der Armen
Zur Theologie der Befreiung. 177 Seiten. Serie Piper 196

Norbert Greinacher
Der Schrei nach Gerechtigkeit
Elemente einer prophetischen politischen Theologie. 199 Seiten. Serie Piper 643

Karl Jaspers
Die maßgebenden Menschen
Sokrates – Buddha – Konfuzius – Jesus. 210 Seiten. Serie Piper 126

Doris Kaufmann
Frauen zwischen Aufbruch und Reaktion
Protestantische Frauenbewegung in der ersten Hälfte des 20. Jahrhunderts.
Mit einem Vorwort von Elisabeth Moltmann-Wendel.
264 Seiten. Serie Piper 897

Wilhelm Korff
Wie kann der Mensch glücken?
Perspektiven der Ethik. 388 Seiten. Serie Piper 394

Gerhard Schmied
Kirche oder Sekte?
Entwicklungen und Perspektiven des Katholizismus in der westlichen Welt.
138 Seiten. Serie Piper 910

Helmut Thielicke
Mensch sein – Mensch werden
Entwurf einer christlichen Anthropologie. 526 Seiten. Kart.

Paul Tillich
Auf der Grenze
Eine Auswahl aus dem Lebenswerk. Mit einem Vorwort von Heinz Zahrnt zur Taschenbuchausgabe.
240 Seiten. Serie Piper 593

PIPER